'내 일생 조국과 민족을 위하여'

사진과 문장이 말하는 박정희 대통령 18년의 발자취

내 一生 祖國과 民族을 爲하여

1974. 5. 20.

大統領 朴正熙

박정희(1917~1979)

육영수(1925~1974)

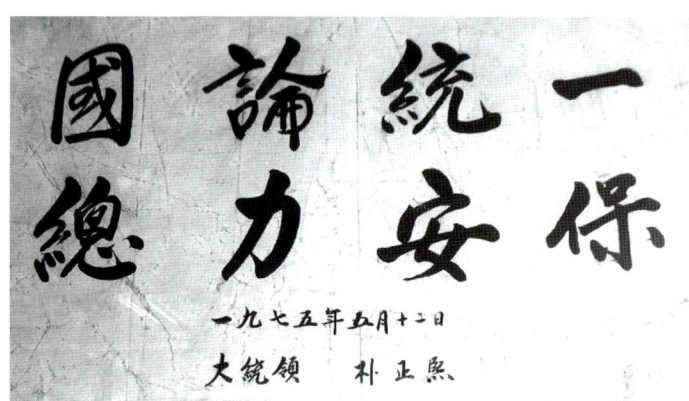

| 칼라사진으로 보는 모습 |

최근 박정희 대통령의 고향인 경북을 중심으로 박 대통령 동상 건립이 활발하다. 지난 2024년 12월 4일 경북도청 앞 천년숲 광장에서는 박정희 전 대통령의 동상 건립에 이어 12월 23일에는 동대구역 광장에 볏단을 든 박정희 대통령 동상을 건립하였다.

울산에 있는 현대중공업 공장 시찰. 가운데가 정주영 회장(1978. 4. 6.)

망중한(忙中閑). 양복 차림으로 감 따기를 즐기다. 청와대 내 정원에서(1971. 10.)

벼베기 솜씨도 훌륭하셨다.

수확기에 '벼베기대회'가 열리면 대통령 스스로 농민들과 함께 벼베기에 적극 참가했다.(1972. 9. 29.)

제주도에서의 새마을운동 모습(1972. 4.)

새마을운동이 일어나기 전에는 지붕을 짚으로 깔아 올렸다.

새마을운동으로 기와나 슬레이트로 지붕을 올려 마을 모습이 새로워졌다.
경상남도 의령군 가례면(1973년 여름 무렵)

뉴질랜드 순방 때의 박 대통령 내외(1968. 9. 21.)

▲ 새마을운동 현장에서 만난 할머니를 위로, 격려해 주었다. 이 사진은 서거 전까지 대통령 집무실에 유화로 그려져 걸려 있었던 그림이기도 하다.(경북 청도군 운문면 방음동)

▶ 박 대통령의 집무실 모습(박정희 대통령기념관에 재현되어 있다.)

'어린이는 나라의 희망' 박 대통령이 쓴 휘호

나라의 장래를 짊어진 소년들을 항상 격려해 주었다.

경부고속도로. 경기도 용인 부근. 서울~부산 간 429km의 고속도로를 1968년 2월에 착공하여 1970년 6월에 완공했다. 당시로는 최단 시간에 완성한 것이다.

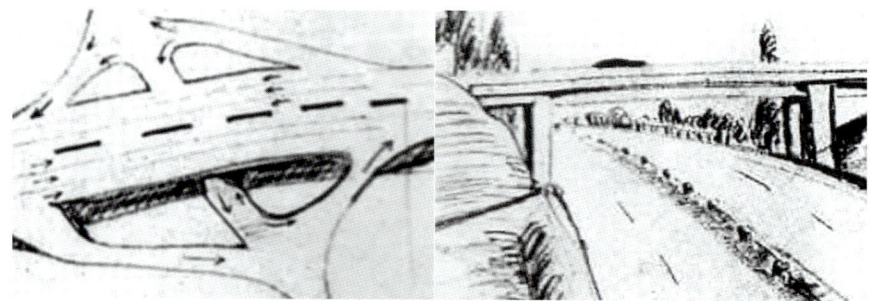

그림에도 조예가 있는 박 대통령은 고속도로 도면을 손수 스케치했다.

포항제철(현 포스코) 현장 시찰(1976. 5. 31.)

'철강은 국력' 박정희 대통령이 쓴 휘호(1978. 4. 1.)

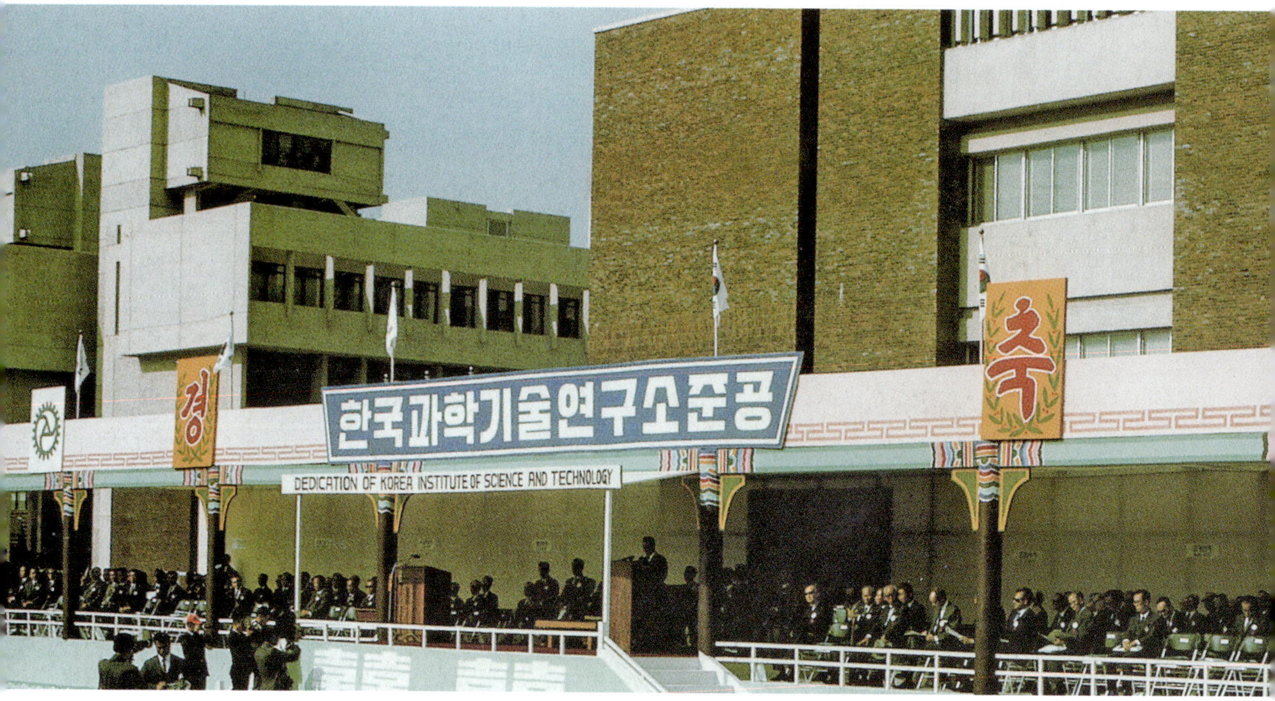

한국과학기술연구소(KIST) 준공식(1969. 10. 23.)

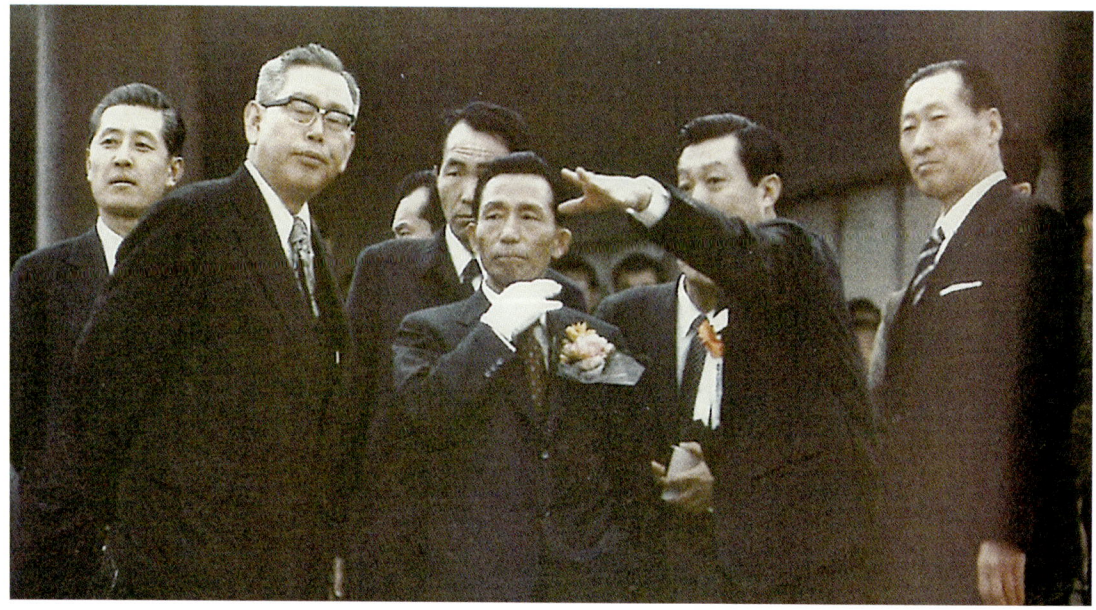

완공된 경부고속도로 시찰

경북 경산시에 있는 문명중·고 새마을운동 역사관 전경
왼쪽 조형물은 경부고속도로 착공을 기념하여 만든 박정희 대통령 동상

새마을운동의 실제 발상지인 경북 청도군 운문면 방음동을 시찰하는 박정희 대통령 (1972. 3. 24.)

주민들과 악수를 나누다

방음동 마을의 새마을운동 지도자인 홍영기는 1968년 5·16 민족상을 수상받았다.

박 대통령 앞에서 새마을운동의 성과를 설명하는 홍영기(훗날 경산 문명중·고 설립)

목차

| 프롤로그 | 박정희 대통령을 추억하면서 | 김경소   19

| 추천사 | 박정희 대통령 화보집 한국어판 출판을 축하하며 | 정재호   22

▶ 새마을운동과 새마을 만들기
 - 새마을운동(새로운 마을 운동)의 역사적 배경 | 시사통신사   25

▶ 5·16 군사혁명   53
 - 사회 질서를 회복하고 국민을 하나로 단결시키기 위해 궐기!

▶ 나의 꿈 | 김경자   75
 - 300만원의 저축이 생길 때까지

▶ 철강 한국
 - 집념 10년 | 박태준 vs 선우 휘   107

▶ 한국과학기술연구원(약칭 KIST)   118
 - 한국 과학기술 발전의 견인차

▶ 외교에도 적극적이었다 | 김경소   129

▶ 한국을 여행하면서 생각한 것 | 이병수   145
 - 벌거숭이 산이 없어진 풍경

▶ 부록

박 대통령의 정치신념과 인품 | 오카이 테루오   156
세계 각국 현인들이 본 박정희 대통령에 대한 평가 | 리콴유 외   168
해방 전의 청소년시대   171
박정희 연보   177
편집을 끝내면서 | 김경소   179

일본의 진보성향의 논조를 지닌 마이니치(每日)신문 후쿠오카 시즈야(福岡 靜哉) 서울지국장은 '한국에서 박정희 대통령의 동상이 늘어나고 있는 데에 대한 찬반 여론이 뜨겁다'라는 칼럼을 썼다. (2025년 7월 6일 자)

이 기사에서 시즈야 지국장은 "한국의 〈경향신문〉 등에 따르면 한국에는 현재 전직 대통령의 동상이 모두 60곳이 있다. 박 대통령의 동상은 모두 16곳이다. 이 중 5곳이 2023년 이후에 건설되어 초대 대통령인 이승만(재임 1948~1960년)의 13곳을 제치고 역대 대통령 가운데 단연 톱이 됐다."라고 소개하고 있다. 현재도 박 대통령은 경북 구미시가 고향인 터에 경북과 대구시를 중심으로 몇 곳에 더 동상 건립이 예정되어 있다

(중략)

"박 대통령은 고도 경제성장을 이루고 대한민국의 초석을 쌓았다. 하지만 정당하게 평가되지 않고 있는 측면에서 비판하는 목소리가 많다. 동상 건립으로 그 실적을 제대로 후세에 진힐 필요가 있다."고 설명하고 있다.

| 프롤로그 |

박정희 대통령을 추억하면서

오늘의 한국, 기초를 만들다

박정희 (1917~1979)라는 이름 세 글자는 한국에서나 일본에서 아직도 강렬한 임팩트를 지니고 있다.

측근의 정신병자 같은 만행으로 급서하신 지 벌써 46년, 어언간 반세기에 이르는 세월이 흘러갔다.

생전부터 대통령을 보는 시각에는 늘 폄훼가 따라다녔고 전체적으로 균형을 이룬 평가는 좀체 이루어지지 못했다. 특히 일본에서는 칭송보다는 폄훼와 헐뜯기에 치우치는 경향이 있었다.

그러나 수십 년 전부터 박 대통령을 한반도의 역사적 흐름과 정치·사회적 환경에서 파악하게 되자, 높은 평가를 얻게 되어 역대 한국 대통령들의 인기 조사에서는 언제나 1위 자리를 차지하고 있고, 노벨 평화상을 수상한 대통령이나 '문민 대통령'으로 일컬어지는 이들보다 더 높은 평가를 받고 있다.

박 대통령이라 하면 무엇보다 1961년 '5·16군사혁명' 때 모습을 드러냈던 무섭도록 엄한 얼굴과 용자(勇姿), 그리고 국민들에게 밝힌 6개 항목의 '혁명 공약'을 떠올리게 한다.

그 공약은 다음과 같다.
1. 반공을 국시의 제 일의(第一義)로 삼고 지금까지 형식적이고 구호에만 그친 반공 태세를 재정비 강화한다.
2. 유엔 헌장을 준수하고 국제협력을 충실히 이행할 것이며 미국을 위시한 자유 우방과의 유대를 더욱 공고히 한다.

3. 이 나라 사회의 모든 부패와 구악을 일소하고 퇴폐한 국민 도의와 민족정기를 바로잡기 위해 청신한 기풍을 진작시킨다.
4. 절망과 기아선상에서 허덕이는 민생고를 시급히 해결하고 국가 자주 경제 재건에 총력을 경주한다.
5. 민족의 숙원인 국토통일을 위해 공산주의와 대결할 수 있는 실력 배양에 전력을 집중한다.
6. 이와 같은 우리의 과업이 성취되면 참신하고도 양심적인 정치인들에게 언제든지 정권을 이양하고 우리들은 본연의 임무에 복귀할 순비를 갖춘다.

이 같은 우리의 과업을 조속히 성취하고 새로운 민주공화국의 흔들리지 않는 토대를 마련하기 위해 우리는 몸과 마음을 바쳐 최선의 노력을 경주할 것이다.

박 대통령은 이러한 공약을 한시도 잊지 않고 정치의 고삐를 쥐고 달렸다.

또한 이 공약을 사명으로 여기고 실천한 것이다.

대통령 재임(在任)은 단 18여년에 불과했으나, 실로 많은 것을 이루어 냈다.

그러나 그 뜻을 반도 펼쳐보지 못한 채 쓰러지고 말았다.

그러나 대통령이 세운 근대화 노선은 아직 여전히 건재하고, 현재 한국은 그 노선 위를 달리고 있다고 하여도 과언이 아니다.

대통령이 목표로 한 근대화란 어떤 것이었던가? 그것은 무엇보다 먼저 국민을 먹여 살리고 배를 곯지 않게 하는 것이었다.

단군 이래 처음으로 그 일을 실현하고, 그 기반 위에서 다음 세대를 짊어질 젊은이들에게 꿈을 품게 하고, 과학 기술을 발전시켜 세계에 뒤지지 않는 나라를 건설하는 것이었다.

박 대통령이 깔아 놓은 레일 위에서 '한국호(號)'는 이제 세계의 선진국들과 어깨를 나란히 하게 되었다. 그 덕분에 우리 재일교포도 역시 이국

땅에서 살아가면서도 자부심을 가질 수 있게 되었다.

지금으로부터 110년 전, 아시아에서 처음으로 노벨상(문학상)을 받은 인도의 시성(詩聖) 타고르(1861~1941)는 1929년 봄, 일본에 왔을 때 '동방의 등불'이라는 시를 통해 한반도의 장래를 다음과 같이 읊조리고 있다.

일찍이 아시아의 황금시기에
빛나던 등불의 하나인 코리아
그 등불 다시 한번 켜지는 날에
너는 동방의 밝은 등불이 되라
(중략)
그러한 자유의 천국 으로
내 마음의 조국 코리아여 깨어나소서

이 시에서 타고르는 그 등불을 훗날 그 누가 켰는지를 미리 알려 주고 있는 듯하다.

2025년 11월

엮은이 김 경 소

| 추천사 |

박정희 대통령 화보집 한국어판 출판을 축하하며

정재호(민족중흥회 회장)

올해는 박정희 대통령 서거 46주년, 탄신 109돐을 맞는 해입니다. 이러한 뜻깊은 해에 박정희 대통령을 기억하는 『내 일생 조국과 민족을 위하여』 일본어판에 이어 한국어판을 출판하게 된 것을 축하드립니다.

국민소득 겨우 백 달러의 가난한 대한민국이 오늘날 전 세계가 부러워하는 10위 경제 대국으로 우뚝 섰고, K-POP을 비롯하여, K-코리아가 세계 방방곡곡에서 르네상스를 이루고 있습니다.
아울러 지난 2024년에는 첫 노벨 문학상을 받게 된 쾌거에 이어, 노벨 경제학상은 '국가의 성공과 실패 원인'을 정치·경제 제도라는 관점에서 분석한 다론 아제모을루 미국 매사추세츠공대(MIT) 교수와 사이먼 존슨 MIT 교수, 제임스 로빈슨 미 시카고대 교수 등 세 명이 공동 수상한 바 있습니다.

특히 한국의 눈부신 경제성장을 집중하여 연구한 로빈슨 교수는 한국 언론과의 수상 소감을 밝히는 인터뷰에서 "한국은 현대적이고 성공적이고 혁신적인 산업 경제 국가가 될 수 있는 기반이 전혀 없는 듯 보였다. 사람들은 한국이 절대 (가난으로부터) 빠져나올 수 없다고 생각했지만, 결국 그들은 빠져나왔다"라고 했습니다.

아울러 한국이 경제 발전을 이룬 성공 요인 중 하나로 박정희 대통령 시절의 수출 주도형 개발 정책을 우수 사례로 꼽았습니다. 그는 "박정희 정권 때의 수출 정책은 다른 나라에서도 제대로 시행된다면 성공할 수 있다고 주장할 수 있을 정도로 굉장히 성공적인 경제 정책이었다"라며 "나는 박정희 대통령의 집권 이후 한국은 민주주의 제도로 전환했는데, 이는 박 대통령 시절의 폭발적인 경제 발전을 한국이 지속할 수 있게 된 원동력"이라고도 극찬했습니다.

우리 민족중흥회는 국민소득 백 달러의 가난한 이 나라가 밤낮으로 데모로 날이 지고 새는 참담한 상태에서 구국의 일념으로 조국 근대화에 목숨을 바친 박정희 대통령의 투철한 애국애족 정신과 업적을 기리고자 뜻을 같이하는 사람들이 1984년 12월 '민족중흥동지회'로 창립한 이래, 25년의 세월을 함께하고 있습니다.

이 책은 시대를 앞서가신 선구자이자 우리 민족의 영웅이신 박정희 대통령께서 '한강의 기적'이라고 불리는, 세계에 유례가 없는 우리 민족의 번영을 '새마을운동'을 통해 전국 방방곡곡에서 일으켜 세운 감동적인 이야기와 다양한 사진을 담고 있습니다.

위대한 박정희 대통령께서 이 땅의 가난을 물리치기 위해 우리도 잘살 수 있다는 새 마음, 새 정신을 불러일으켰던 운동이 바로 '새마을운동'이었습니다. 비슷한 시기에 북한의 김일성도 '천리마운동'을 전개하였지만, 그들은 결국 실패한 운동이 되었으며, 우리 대한민국이 북한을 추월하게 된 결정적인 쾌거를 이루었습니다.

이 책을 엮은 김경소 회장님은 평소 박정희 대통령을 존경하고 흠모하여 집안에 박 대통령 추모 공간까지 마련해 놓고 아침저녁으로 예를 드린다는 감동적인 이야기를 들은 바 있습니다.
김 회장은 이러한 박정희 대통령의 "우리도 하면 이룰 수 있다."라는 그 불굴의 신념을 일본 땅에서 몸소 실천하여 성공한 재일교포 실업가 반열에 오르신 분입니다. 그의 이러한 '박정희 대통령 사랑'은 최근에 박정희 대통령의 탁월한 리더십을 존경하는 일본인이 늘어나는데 크게 일조를 하게 되었습니다.

이처럼 박정희 대통령을 널리 알리기 위한 화보집을 출판하는 수고를 아끼지 않는 열정에 다시 한번 뜨거운 박수를 보냅니다.
모쪼록『내 일생 조국과 민족을 위하여』가 한국어로 번역, 출판되어 많은 분이 박정희 대통령께서 이룬 소국 근대화의 생생한 대역사를 깨닫고 깊이 새겨서 다음 세대에 전승되기를 기대합니다.

다시 한번 일본어판을 만든 전망사 가라사와 아키요시(唐澤明義) 대표와 글마당 앤 아이디얼북스 최수경 대표, 번역을 맡은 손우석 김용권 선생님의 수고에 큰 박수를 보냅니다. 감사합니다.

새마을운동과 새마을 만들기

새마을운동(새로운 마을 운동)의 역사적 배경

시사통신사(1972년)

불타오르는 조용한 혁명

지금 한국에서는 거국적으로 새마을운동, 즉 '새로운 마을' 만들기 운동이라는 조용한 혁명이 불타오르고 있다. '새마을'이라는 말은 한국 국민들에게는 농촌의 근대화를 이루어내자는 의지를 상징하는 표어처럼 되어 있다.

'새마을' 운동의 당면과제는 농어민의 소득을 늘리고 풍요로운 농어촌 사회를 만들어내자는 것이다. 즉 1960년대 초반 이후 한국 국민이 성취해온 공업화의 성과를 본받아 낙후된 농촌 부분 근대화의 에너지를 끌어올려 보자고 하는 것이며, 더 나아가 한국인이 가장 큰 민족적 과제로 삼고 있는 조국 근대화와 평화통일까지 달성하는 것에 새마을운동의 궁극적인 목표가 있는 것이다.

이러한 '새마을' 운동을 성공시키기 위해서는 무엇보다 먼저 "부지런히 일하면 우리도 잘 살 수 있다!"라는 자신감과 희망을 불어넣을 필요가 있다.

그러기 위한 마음가짐으로서, 자신을 돕는 자조정신과 남에게 의존하지 않는 자립정신, 마음을 합쳐 서로 협력하는 협동정신 등을 빼놓을 수 없을 것이다.

'새마을' 운동이 시범적으로 실시된 것은 2년 전이지만, 애초 농민들은 그다지 큰 관심을 보이지 않았다. 그때까지의 농촌운동이라는 것이 일어났다가는 곧 쓰러지고 하는 것을 경험한 농민들은 '새마을' 운동도 뭐 그런 종류가 아니겠냐고 치부해버렸기 때문이다.

농민들의 소극적인 반응은 앞길을 위태롭게 했다.

그러나 이제는 그 모습이 확연히 바뀌어 농촌은 물론, 도시들도 새마을운동에 자진 동참하게 되었다.

그 이유를 살펴보기로 하자.

우선 지난 2년간 거둔 성과가 예상외로 컸다는 점에서 운동의 성공에 대해 밝은 전망을 갖게 되었다는 것을 들 수 있다.

두 번째는 운동 진행 과정에서 "하려고 하면 뭐든지 해 낼 수 있다."라는 자신감을 농어민들이 갖게 된 것이다. 그에 따라 그 운동을 성공시키고 싶다는 의욕이 높아진 것을 꼽을 수 있다.

세 번째로는, 박정희 대통령을 비롯한 정부 지도자들의 격려와 정부의 재정 및 행정상의 지원이 꾸준하게 이루어졌던 점도 빠뜨릴 수 없다

그러나 새마을운동을 불타오르게 한 가장 큰 요인은, 뒤에서 설명하는 것처럼 이 운동이 역사적으로나 경제적으로도 시의적절했고, 그 타당성과 필요성이 전 국민의 인정을 받아 공감과 참여의식을 불러일으킬 수 있었기 때문이다.

'새마을'운동만큼 한국민의 관심과 호응을 불러일으켰던 운동은 한국 근대사에 유례가 없었다. 이러한 적극적인 관심과 반응이야말로 '새마을' 운동을 성공단계에까지 계속 불타오르게 한 원동력이라고 말할 수 있을 것이다.

그리하여 애초 단순히 살기 좋은 마을 건설을 목표로 했던 이 운동은 새로운 마을에 그치지 않고 '새로운 도시 만들기'와 '새로운 나라 만들기'로 까지 확대되어 조국의 근대화와 평화통일이라는 원대한 목표를 향해 전진하는 국민운동으로 발전하게 되었다,

앞장서는 박 대통령

새마을운동의 도화선에 불을 붙인 사람은 박정희 대통령이었다. 대통령은 1970년 4월 22일 지방 장관(도지사) 회의에서 "농어민들이 자조, 자립, 협동정신에 입각하여 풍요로운 생활을 영위할 수 있는 방안을 연구하도록" 지시했으며, 이후에도 종종 '새마을'운동의 정신과 취지, 운동의 필요성과 추진 방식에 이르기까지 자신이 숙고해 짜낸 구상을 설명하고 이 시험적인 운동이 결실을 맺게 하는 데 노력을 게을리하지 않았다.

한국경제는 이때 제1차 5개년 계획(1962~1966)과 제2차 5개년 계획(1967~1971)에 의해 공업의 기반을 굳히고, 거기에서 발생한 경제 여력을 농촌개발에 집중적으로 투자할 준비를 하고 있었다.

농민의 아들로 태어난 박 대통령이 평소 농촌근대화의 필요성을 피부로 느끼고 있었던 점은 당연하지만, 그는 경제발전 단계적 측면에서 보더라도 경제의 여력이 농업 투자에 돌려져야 한다는 신념을 갖고 있었다.

제5차 5개년 계획(1972~1976)은 무엇보다 농어촌 근대화에 최우선 순위를 두고 농어촌 부문에 2조 원 (당시 환율로 약 1조 6,000억엔)의 거액을 투자하게 되었는바, 여기에는 대통령의 농업발전에 대한 강한 기대가 담겨 있다.

새마을운동은 이처럼 제3차 5개년 계획으로 실물적인 측면에서 농촌 현대화를 지원하기 위해 보조를 맞추는 한편, 정신 계발을 통해 근대화의 성과를 확실하게 보장하기 위해 조용한 국민운동으로 출발한 것이다.

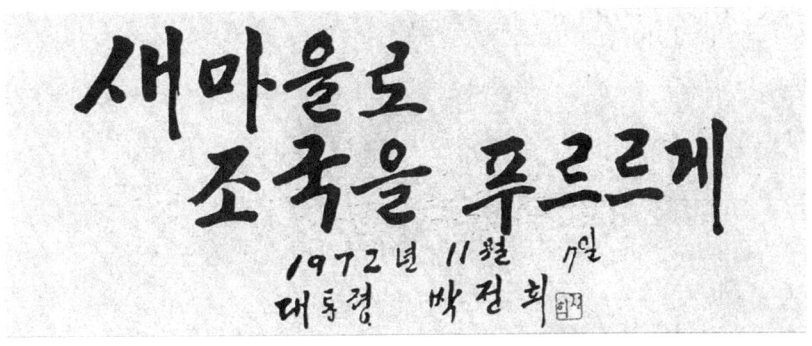

박 대통령의 지도하에 시작된 새마을운동은 이제 국민운동으로서 점점 더 깊이 뿌리를 내리고 있다.

정부는 1970년 10월부터 1971년 5월까지 새마을사업의 첫 시동으로서, 농한기를 이용하여 전국 33,267개 농촌 마을 대상으로 하여 조림(造林), 사방(砂防), 농로 개설, 지붕 개량, 공동우물과 공동 세탁장 조성, 제방 보수, 하수구 수리 등 주로 환경개선 사업에 41억원(33억엔)을 투입했다.

그러나 이 자금은 한 마을당 335자루의 시멘트를 지원하는데 사용된 것인바, 이 현물 지원에 농어민의 자발적 노력과 물자 부담을 가산하면 그 사업비는 총 122억원(87억엔)에 달했다.

이 시험단계에서 농민들은 노력을 제공하는 등 자발적으로 참여했는데, 여기서 벌써 농민들에게 자조, 자립, 협동정신이 발현되고 있었던 것이다. 정부는 이 시험기간 중에 거둔 만족할 만한 성과에 자신감을 얻었다.

이러한 경과를 거쳐 1972년 초부터 '새마을' 만들기 운동은 드디어 정식으로 막을 올리게 된 것이다.

협동의 전통

예로부터 한민족에게는 서로 돕고 협력하는 미풍양속이 있었고, 원시사회는 차치하고라도 유사시대의 기록을 보아도 삼국시대(BC57~668)부터 통일신라시대(668~935), 고려시대(918~1392)를 거쳐 근세 조선시대(1392~1910)에 이르기까지 지역과 시대에 따라 그 형태와 성격은 다르지만, 서로서로 도우며 살아왔다. 상호부조라는 전통적 풍습 가운데 눈에 띄는 몇 가지 예를 들어보기로 하자.

가장 원시적이면서도 최근에 이르기까지 그 흔적을 간직하고 있던 협동작업의 하나로 '두레'(모내기철 등에 집집이 서로 노동력을 빌려줌) 와 '품앗이'(이웃의 집안일이나 들일이 생길 때 서로 도와줌)가 있다.

기록에 따르면, '두레'는 신라시대에 생긴 풍습으로 흥미롭게도 이 풍속의 틀을 만들어 낸 것은 여성이었다. 당시에도 생활을 영위하는데 없어서는 안 될 것은 의(衣), 식(食), 주(住)였다. 이 중 음식과 주거는 주로 남성이 챙기는 책임을 지며, 의, 즉 옷을 만들고 정제하는 것은 여성의 몫이었다.

신라시대의 옷감이라면 삼베나 누에고치로 만든 견직물에 한정되어 있었다.

당시에는 아직 목면 천(무명)이 없었다.

그런데 신라 여성들은 혼자서 천을 짜내는 것은 아무리 뼈 빠지게 일해도 그만큼 능률이 오르지 않는 것을 깨닫고, 실뽑기에서 길쌈까지의 작업을 공동으로 하는 생활의 지혜를 발견해낸 것이다.

물론 마을 단위에 불과했지만, 여성들은 옷감 만드는 일을 할 때 서로서로 각 집을 돌아가면서 공동으로 하고, 일의 능률을 높이기 위해 노래를 부르고 세상 이야기에 꽃을 피우며 일을 했다고 전해지고 있다.

남자들도 여성들이 공동작업으로 능률을 올리고 있다는 사실에 자극을 받았다. 거기서 남자들은 들일에 이 공동작업을 도입하여 마을 사람들이 한데 어울려 파종, 모내기, 저수지 만들기, 추수 등을 하기 시작하였다.

이 '두레'의 풍속은 고려시대를 지나 조선시대로 이어졌는데 조선시대에는 한반도 남쪽 지방에서 성행됐지만, 북부에서는 잘 이루어지지 않았다.

이처럼 '두레'는 마을 모두의 공동작업이었지만, '품앗이'는 마을에서 친한 사람들 간의 협동작업으로서 발전하였다.

바꿔 말하면 생활 정도가 같은 사람들끼리, 농사에 한정하지 않고 어떤 성가신 일이 있을 때 서로 무보수로 노력을 교환하는 것이다.

'두레'나 '품앗이'는 아직도 농어촌 지역에 그 자취가 남아 있다.

원시적인 형태의 협동작업으로서 출발한 '두레'와 '품앗이'에 비해 한 차원 높은 것으로 '계'(契)와 '향약'(鄕約: 권선징악을 목적으로 하는 자치규약)이 있다. 이 중 '계'는 신라시대에 생겨났는데 여기서도 역시 선구자 역할을 한 것은 여성이었다.

'계'는 시대 변화에 따라 그 목적과 성격도 변하게 되었는데, 대개 공익사업, 산업, 금융, 사교 등 사회생활에서의 공동이익 추구와 협동정신의 고양이라는 한계는 넘지 못하였다.

한편, '향약'은 중국 송나라에서 유래된 것으로, 조선시대에 성리학이 성황을 이룸에 따라 함께 발전된 제도였다. 그 기본 취지는 '두레'나 '품앗이', '계'와 비슷하지만, 두 가지의 차이점이 있다. 즉, '두레', '품앗이', '계' 등이 주로 서민층을 중심으로 발달한 마을 단위 풍습인데 비해, '향약'은 지배계급, 양반을 중심으로 이루어졌고, 조직도 넓은 지역사회에까지 미치며 영향력도 적지 않았다.

그러나 '향약'은 조정의 권력기구와는 전혀 관계를 갖지 않고 오히려 지역사회의 자조와 협동을 목표로 하는 자치활동이었다. 이런 점에서 '향약'은 경제적인 공동목표에 대한 노력을 촉구하는 것만 아니라, 사회규범을 마련하고 그것을 어기는 자에게는 제재를 가하는 활동도 하고 있었다.

그러나 이 제도는 20세기에 이르러 일본의 식민통치자들이 한국 민중의 식민지 지배 반대 운동의 온상이 될 우려가 있다는 이유로 여러 가지 간섭과 방해 공작을 한 결과 그만 시들어버리고 말았다.

그 대신 일본의 식민주의자들은 소위 자력갱생 운동이라는 것을 강요하여 착취의 수단으로 이용하려고 했으나, 물론 이것 역시 뿌리를 내릴 수는 없었다.

역사적으로 볼 때 한국 농민들은 고대부터 봉건시대를 거쳐 일본의 식민지 시대에 이르기까지 지배계급으로부터 지속적으로 착취의 대상이 되어 왔다고 해도 좋을 것이다.

1945년 한국이 해방된 후 토지개혁을 통해 농민들의 착취를 제도적으로 차단하는 입법 조치를 한 것은 한국의 농업정책 상 획기적인 사건이었다. 그러나 토지개혁을 계기로 국가재정이 악화되어 농업발전에 특별히 힘을 쏟아부을 여력이 없어지게 되자 위정자들도 농업에 정책적 배려를 게을리할 수밖에 없었다. 한국에서는 근대에 들어와 일본의 식민지 지배에 반대하는 저항운동의 한 형태로서 농민운동이 광범위한 지역에서 일어났으며, 해방 후에는 지역사회 개발을 추진하는 형태로 농촌운동이 일어나게 되었다.

그럼에도 불구하고 농촌 부문의 개발은 만족스러운 성과를 이루어내지 못했다.

그 이유는 무엇인가?

우선 앞서 언급한 바와 같이 재정상의 이유로 농업 투자가 등한시되었던 점에 더하여 정책 입안자의 배려가 부족했다는 점을 들 수 있다.

두 번째로는 이러한 농업정책의 당연한 귀결이기도 하려니와 농민들의 의욕을 충분히 북돋아 줄 수 없었던 점에 있다고 할 수 있을 것이다.

새마을운동은 왜 필요한가?

한국은 지금 국내외로부터의 도전에 직면해 시련을 겪고 있다.

그 시련이란, 국가안보를 위협하는 도전이자, 지속적인 경제발전을 가로막는 도전이다. 국제적으로는 미국, 러시아, 중국의 이른바 '3극'은 냉전시대의 이념 대결에서, 지금은 각자 자국의 국익에 중점을 둔 대화를 요구하며 꽤 역동적으로 움직이고 있다. 이 때문에 제2차 세계대전 이후의 해빙 기운은 그 어느 때보다 고조되고 있지만, 대국 중심의 긴장 완화 정책이 자국 이기주의를 축으로 진행되고 있어 중·소국의 권익은 침해될 우려가 적지 않다.

또 강대국들이 평화공존이론을 근거로 세계 각지에 현상 동결 정책을 무차별적으로 적용한다면 한반도와 같은 분단 상황은 민족의 염원에 반하여 앞으로도 계속 분단을 강요당할지도 모른다.

한편, 한반도로 눈을 돌려보면 4반세기 넘도록 국토와 국민은 남북으로 분단된 채, 상반된 체제하에서 각자 다른 코스를 걷고 있다.

그런 가운데 북한 공산집단은 1950년 대남 침략전쟁을 뉘우치기는커녕, 다시금 적화 통일 전쟁을 꾀하면서 한반도에 긴장을 불러일으키고 있다.

국제적 긴장 완화 분위기 속에서도 우려되는 것은 북한이 무력노선과 전쟁체제를 조금도 늦추지 않고 있다는 점이다. 게다가 대외적으로는 국제적 해빙 분위기에 호응이라도 한다는 듯이 위장평화 공세를 펴 국제여

론을 호도하려고 하니 한층 더 좋지 않은 모양새다.

거기다 한국 내에서는 또 균형 잡힌 발전이 요구되고 있는 것이다.

제1차와 2차 경제 개발 5개년 계획을 통해 공업 발전의 속도가 너무나 빨랐던 탓으로 농업부문에는 상대적으로 침체 현상이 눈에 띄게 나타났다. 그리고 실제로 농촌경제의 발전 없이는 공업 성장도 이윽고 상한선에 달하게 되어 위험하다고 우려하는 사람들도 나타나기 시작한 것이다.

공업과 농업의 큰 격차는 경제 분야에 국한되지 않고 사회적으로나 문화 분야에서도 문제를 초래하게까지 되었다.

그 갭(gap)은 첫째 도시와 농어촌 간의 소득격차로 나타나고 있다. 예를 들어 한국의 농촌인구는 총인구의 약 45%를 차지하고 있다. 하지만 그들이 부담하는 납세 총액은 1972년도의 경우 38억원(약 30억엔)으로, 정부의 조세수입 중 겨우 1.6 %만을 농민들이 부담하고 있는데 불과한 셈이다. 그런데 정부는 같은 해에 새마을운동 사업비를 포함해 3,000억원(약 2,400억엔)의 자금을 농촌의 각종 개발 사업에 투입하게 되어 있었다. 따라서 농업 투자의 대부분을 부담하고 있는 도시 납세자는 여태까지의 농어민에 대한 정신적 부담을 뒤늦게나마 청산하고 있는 셈이라고도 할 수 있을 것이다.

한편, 1961년 한국의 농촌인구는 전체인구의 56.5%였으나 1970년에는 45.9%로 떨어져 약 10%p의 감소율을 보였다. 농촌을 떠나는 사례가 그만큼 많았다는 것이다.

그러나 정부의 농산물 가격 유지 등 농업 진흥정책이 새마을운동과 병행 추진된 이래 논밭 가격이 2배로 뛰어오르자 귀농하는 사람들이 늘고 있다.

농업의 상대적인 낙후상은 사회 및 문화 분야에서도 도농(都農) 간의 격차를 크게 만들었다. 이러한 지역 격차는 한국이 당면한 시련을 극복하는 데 없어서는 안 될 국민 총화를 저해하는 요인이 될 것이다.

'새마을운동'이 농어민 소득증대를 중시하고 지역 간 소득격차의 해소를 도모하고 사회 문화생활의 지역 간 균형을 꾀하려는 것은 이 때문이다.

새마을운동을 일으킨 가장 큰 이유는 농어민을 비롯한 국민 전체의 정신을 계발해 보자는 것이었다. 병을 고치기 위해서는 의사의 정확한 진단과 처방이 우선되어야 하는 것이지만 그에 못지않게 환자의 마음가짐도 중요하다.

즉, "내 병은 반드시 나을 것이다."라는 확신과 "병을 이겨내 보겠다."라는 의지가 환자에게는 꼭 필요한 것이다,

이와 마찬가지로 한국의 농어민들도 근면하게 일해서 반드시 풍요로워지겠다는 마음가짐과 그를 위해 힘쓰는 자세가 바람직하다.

이런 마음가짐이 있어야 농촌 근대화운동도 신속하게 그 결실을 맺을 수 있다.

박 대통령이 기회 있을 때마다 자조, 자립, 협동 정신을 강조해온 이유도 여기에 있다.

그렇다면 전통적인 한국 농촌의 모습은 어땠을까? 앞서도 지적했듯이 한국 농민들은 원래 '두레', '품앗이', '계', '향약'과 같은 협조적 생활 태도를 몸에 익히고 있었다. 그런데 위정자들이 수 세기에 걸쳐 농촌을 착취의 대상으로 여기고 다반사로 수탈해 온 결과 농민들은 일할 의욕을 잃고 있었다.

가난은 팔자라는 체념이 농민의 생활 태도였다고 해도 지나친 말이 아니었다.

'새마을 만들기' 운동은 아무리 뼈 빠지게 일해도 가난이라는 숙명에서 벗어날 수 없다는 체념을, 부지런히 일하면 그만큼 보답받을 것이라는 기대와 의욕으로 전환하자고 하는 것이다.

한국의 농촌에는 여러 가지 미신과 나쁜 습관들이 남아 있었다. 극히 일부의 지방을 제외하고 한국의 농사는 일모작(一毛作)이며, 이에 따라 농민들은 1년 중 거의 절반에 이르는 농한기를 종일 술과 노름으로 지새는 날이 많았다. 관혼상제에서도 낭비가 두드러졌다.

그러나 이러한 현상도 이제는 거의 찾아볼 수 없게 되었다.

새마을운동이 시작된 이래 농민들은 미신과 나쁜 습성을 분별하는 안

목이 생기게 되어 거기에는 가까이하지 않게 되었다. 그들은 새로운 삶의 목표를 발견하게 된 것이다. 이제 농촌의 선술집은 문을 닫았고, 무당을 찾는 사람들은 줄고, 도박용 화투짝은 온돌 아궁이에 던져진 지 오래다.

이처럼 새마을운동은 변화하는 국내외 정세에 대처하여 한국경제가 안고 있는 문제를 해결하고, 더 나아가 한국 농촌이 안고 있는 고질적인 정체 상을 불식하는 데 있어 꼭 필요했던 운동이며, 앞으로 설령 오랜 시간이 걸리더라도 반드시 성공시켜야 할 운동이다.

이 운동은 5·16혁명으로 출발한 국민혁명의 마무리를 의미하는 것으로, 조국의 근대화와 통일이라는 민족의 목표를 쟁취해내는 기반과 에너지를 제공하는 것이다. 그리하여 이 조용하고 원대한 혁명운동은 전 국민의 일치된 염원을 담아 전국에서 활활 불타오르고 있는 것이다.

해외에도 새마울운동 전파가 활발하다. (사진은 새마을운동 시범마을로 지정된 르완다 무심바 마을.)

새마을운동의 목표

'새마을운동'의 궁극적인 목표가 조국의 근대화와 분단된 국토의 평화통일 기반 조성에 있다는 것은 이미 언급한 바 있지만, 운동의 실천 과정에서는 정신계발, 경제계발, 사회계발의 세 가지 목표를 설정하고 있다. 이를 항목별로 검토해 보기로 하자.

정신계발

정신계발이란 먼저 소극적이고 체념적인 생활 태도를 고치고, 우리도 잘 살 수 있다는 자신감과 희망을 불어넣어 정신적인 자각을 불러일으키는 것을 의미한다.

이 정신계발에서는 미신과 악습을 들어내 없애고 관혼상제의 간소화를 규정한 건전 가정의례 준칙을 지킴으로서 건전하고 합리적으로 조신한 생활 자세를 몸에 익히도록 계몽하고 있다.

또한 자조, 자립, 협동의 정신을 바탕으로 사사로운 이익을 공익으로 연결시켜 나와 내 가정이 나의 마을, 나의 민족과 국가로 통한다는 가치관을 국민 한 사람 한 사람이 확립해가는 것이 중요하다.

따라서 새마을 정신은 자애심에서 출발하여 애향심, 애국심과 결부되고 나아가 민족 주체 의식의 고양을 촉구하는 일이다.

박 대통령은 새마을사업 추진과 관련하여 이 같은 정신개발을 특히 강조하여 정신 개발이 진행되고 있는 마을에는 우선적으로 사업을 지원하도록 거듭 지시하고 있다. 박 대통령은 부지런한 사람과 게으른 사람에게 정부예산을 균등하게 배분하는 것은 오히려 불공평한 일이라고 했는바, 실로 시사하는 바가 적지 않은 지적이라고 할 수 있다.

경제계발

경제계발은 농민들의 삶이 낙후된 원인을 제거하고 새마을운동을 그대로 생산과 소득증대로 연결시켜 가자는 것이다.

한국은 원래 좁은 농토를 가지고 있었으나, 광복 후 실시된 토지개혁은 토지의 소유 범위를 지나치게 엄격하게 제한했기 때문에, 개별적인 영농은 너무 영세화되고 말았다. 이 때문에 경영규모를 확대해 주기 위한 검토가 진행되었다.

또한 벼농사 중심의 농업을 다각화하기 위한 노력도 병행되었다. 쌀, 보리의 생산 외에 목축, 고부가 가치 채소 등의 재배를 장려하고 있는 것은 다각적인 영농을 목표로 하는 노력의 일환이다. 또한 농업의 근대화는 농업기술의 혁신과 생산수단의 기계화 없이는 성취되기 어렵기 때문에 종자 개량, 비료와 농약 개발, 토질 개량, 관개시설의 완비에 이어 전천후 농업화 등이 진행되고 있다.

이미 상당히 넓은 농지의 경지정리를 마쳤는데, 새마을운동을 통해 이를 더 확산시키고 농업기계화에도 박차를 가하게 될 것이다. 정부는 불붙기 시작한 농어민의 증산 의욕을 계속 유지해 가도록 농산물 가공시설의 확충과 유통의 원활화에 힘을 쏟고 있다.

사회계발

사회개발 면에서는 주로 농어촌의 생활환경을 개선하고, 나아가 도시 중산층에 버금가는 생활 수준으로 끌어올리는 것을 목표로 하고 있다.

농어촌에 전기화를 촉진하는 한편 농로를 확대하고, 농가의 초가지붕을 기와나 슬레이트로 교체하며 경운기와 트랙터를 갖추게 하려는 것이다.

지금 농촌에서는 이 사회개발이 새마을운동의 진전과 더불어 급템포로 진행되고 있다. 농민들이 힘을 모아 노력하면 머지않아 이 목표가 달성될 것이다.

새마을운동의 현장

새마을운동이 시작된 이후 박 대통령의 일과 중 빼놓을 수 없는 일은 새마을사업 현장을 둘러보는 것이었다. 대통령은 틈만 나면 헬리콥터나 지프차를 타고 어촌이나 산중 마을 들을 방문한다, 그리고 노인이나 젊은 새마을 지도자들과 영농에 대해 진솔한 대화를 나누는 것이다.

이는 박 대통령과 농민 간에는 공통의 화제가 얼마든지 있었기에 가능한 일이다.

농민의 아들로 태어난 대통령은 농촌의 일이라면 무엇이든 꿰뚫고 있었으며 농민이 원하는 것이 무엇인지를 누구보다도 잘 알고 있었다.

이 때문에 처음에는 긴장해서 굳어지기 쉬운 노인이나 새마을 지도자도 같은 농부의 입장에서 말하는 대통령과 흉금을 터놓고 이야기할 수 있었을 것이다.

때로는 같이 막걸리를 마시기도 한다. 농부들에게 위압적인 느낌을 주지 않기 위해 박 대통령은 될 수 있으면 수행원 수를 줄이고 홀가분하게 나타난다.

그 지방의 현안 사업에 관여하고 있는 지방공무원과 비서 등 최소 인원들만 수행하도록 하였다.

제1차. 2차 5개년 계획을 성공적으로 완수해 낸 대통령으로서는 이제, 조국 근대화의 마무리로 이어지는 농촌근대화 작업에 의욕을 불태우게 되었으며, 그 의욕은 국민들의 폭넓은 지지와 호응을 얻어 새마을 만들기 운동이 전국의 농촌에 불타오르게 된 것이다.

새마을운동은 중진국 상위그룹으로의 진입을 목전에 두고 있는 우리 경제가 보기 좋게 결실을 맺어야 할 과제이며, 실제로 그 결실을 목표로 착실하게 성과를 올리고 있는 것은 확실하다.

새마을운동에 대한 의욕과 열정은 박 대통령뿐만 아니라 김종필 국무총리를 비롯한 각료, 지방 도지사, 그리고 지방행정의 일선 공무원에 이르기까지 모두 한결같이 지니고 있었다.

올해부터 제3차 5개년 계획은 농촌근대화라는 목표 달성에 우선순위를 두게 되었으며 정부 시책도 새마을운동에 맞추어 농촌개발에 집중하고 있다.

제3차 5개년 계획 기간 중에는 농촌 부문에 막대한 자금이 투입될 것으로 보이나, 농촌근대화는 새마을운동의 에너지가 없이는 지난한 일이다.

　김종필 국무총리도 자주 새마을사업 현장을 시찰하고 있다. 총리는 그 지방 출신 국회의원과 관계 공무원, 그리고 저명한 작가, 예술가를 대동하고 정부와 국민이 하나가 되어 근대화작업에 땀을 흘리며 일로 매진하고 있는 광경을 본다. 또한 도지사, 시장, 군수, 읍장, 면장(일본의 촌장) 및 새마을사업 담당 지방공무원들은 관할 지역 내 새마을사업 현장을 매일같이 순회하면서 행정지원과 기술지도, 재정적 뒷받침에 소홀한 점은 없는지 점검한다.

　그들은 한국 역사상 가장 역동적으로 일어나고 있는 조용한 혁명의 대열에 합류하여 공복으로서의 사명과 경쟁심을 되새기고 있다.

　하지만 지나친 의욕으로 인한 실수가 없는 것은 아니다. 박정희 대통령은 이점에 대해 공무원들의 지나친 의욕이 농민들의 자발적인 운동에 간섭하고 있다는 인상을 주어서는 안 된다고 훈계하고, 또 새마을 만들기 운동이 짧은 기간 안에 큰 성과를 거둘 것이라는 성급한 기대를 해서도 안 된다고 충고하고 있다.

　그러나 무엇보다 중요한 것은 새마을운동이 시범 기간을 포함해도 2년 밖에 되지 않았는데 한국 농촌에는 의심할 여지 없이 새로운 바람이 불고, 그 바람은 점점 도시의 지식인, 교사, 학생, 군인, 기업가 그리고 일반 대중들에게까지 불기 시작하고 있다는 것이다.

　한국의 기독교, 불교, 천도교 등 종교계가 새마을운동에 나서고 있을 뿐만 아니라 육, 해, 공군 해병대 등의 군부대도 인접하고 있는 지역사회와 자매결연을 맺어 새마을운동을 적극적으로 지원하고 있다.

　경제계의 관심도 높아져서 기업인들은 각자 출신지의 새마을운동을 돕기 위해 기부금 또는 경운기, 손수레나 오토바이 등을 보내고 있다.

　이처럼 국내는 물론 재외교포 역시 마음을 담은 기부금을 새마을운동에 사용해 달라고 청와대에 기탁해 오는 현상은 새마을운동의 의의가 모두에게 깊이 인식되고 있는 증거라고 할 수 있다.

　한국 민족이 이렇듯 하나의 공동목표를 위해 같은 마음으로 몰입하는 태세를 보인 것은 근대사에 유사한 전례가 없는 일이다.

학생들은 새마을운동 현장에 뛰어들어 농민들과 함께 땀을 흘리고 있고 언론인과 문화예술인들은 그들 나름대로 뉴스 보도나 작품 활동을 통해서 이 운동에 참여하는 모습을 보인다.

이러한 각계각층의 지원은 농민의 열정을 불러일으키고 소극적인 생활 태도에 변혁을 가져오기에 충분했다. 농민들의 하고자 하는 의욕은 생활 의식에 조용한 혁명을 불러일으켰다. 도박, 술타령, 미신, 허례허식 등 지역사회의 깊은 구덩이 속에서 생겨난 오랜 악습은 한국의 농어촌에서 점점 그 모습을 찾아볼 수 없게 되었다. 예를 들어 새마을 지도자는 마을 사람들을 설득하여 도박에 사용되었던 화투를 모아 불태워 버리거나 찢어 버릴 수 있었던 것이다.

새마을운동이 일어나기 전에는 과연 이런 일들을 생각이나 할 수 있었을까?

이제 한국의 농민들은 도박과 술타령으로 소비하던 농한기를 어떻게 하면 자신의 생활을 풍요롭게 하고 마을 전체를 살기 좋은 근대적 농촌으로 만들 수 있을지를 생각하고 그 일에 열중하고 있는 것이다.

농민들은 한국 역사상 처음으로 어떤 생활을 하고 무엇을 하면 자신과 자신의 마을을 풍요롭게 하고 나아가 조국 근대화와 통일을 신속하게 이루어 낼 수 있는 길인지를 생각하게 되었다.

이러한 농민의 자각은 우리 역사를 주체적으로 창조해 나가는 거대한 에너지가 될 것이다. 그리고 그 에너지는 한국의 미래를 밝게 비추는 희망이기도 하다.

『한국의 새마을 만들기』(한국시사통신사. 1972. 6.)

'새마을정신', 박정희 대통령이 쓴 휘호

5·16혁명 직후 농촌에 가서 고리대금에 시달리는 농민들과 대담.
그 후 농민들을 위한 새마을금고를 설치한다.(1961년 여름)

농민과 막걸리를 주고받으며 애로사항을 직접 들었다.(1972. 11. 7.)

청와대 직원들을 인솔하고 농촌에 내려가 모내기를 했다.(1978. 6. 13.)

모내기 작업에도 기꺼이 참여했다.

밀짚모자 차림으로 촌로를 격려해 주었다.

모내기에 열중하는 박 대통령

'주곡(主穀)의 자급달성' 박 대통령이 쓴 휘호(1977. 12. 20.)

경기도 수원에 있는 농촌진흥청의 시험농원에서(1970. 10. 5.)

청소년들과 함께하는 모내기(1969. 6. 10.)

한바탕 일을 하고 난 후 잠깐 휴식. 서거하기 반년 전에 경기도 김포에서(1979. 5. 23.)

농촌에서의 모심기(1961. 6. 10.)

박 대통령의 농촌 시찰하는 모습(1978. 6. 13.)

경기도 수원에서 벼베기 수확(1962. 10. 9.)

군사혁명 직후 전북 남원의 수해 현지를 방문(1961. 6. 10.)

농사일을 끝내고 농민들과 막걸리를 나눠 마시는 박 대통령(1961. 6. 10.)

'축산 흥농' 박 대통령이 쓴 휘호와 축산 현지 방문(1969. 9. 22.)

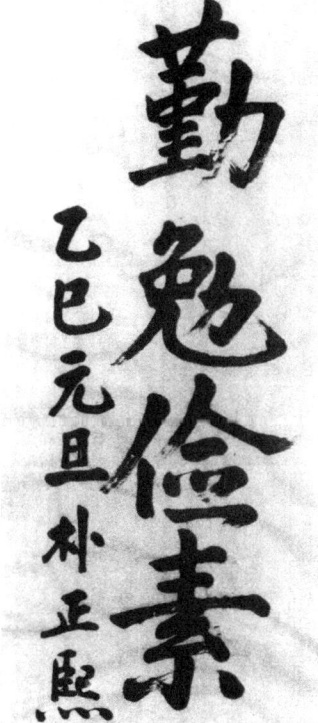

'조국근대화', '민족중흥', '근면 검소'(1965.)

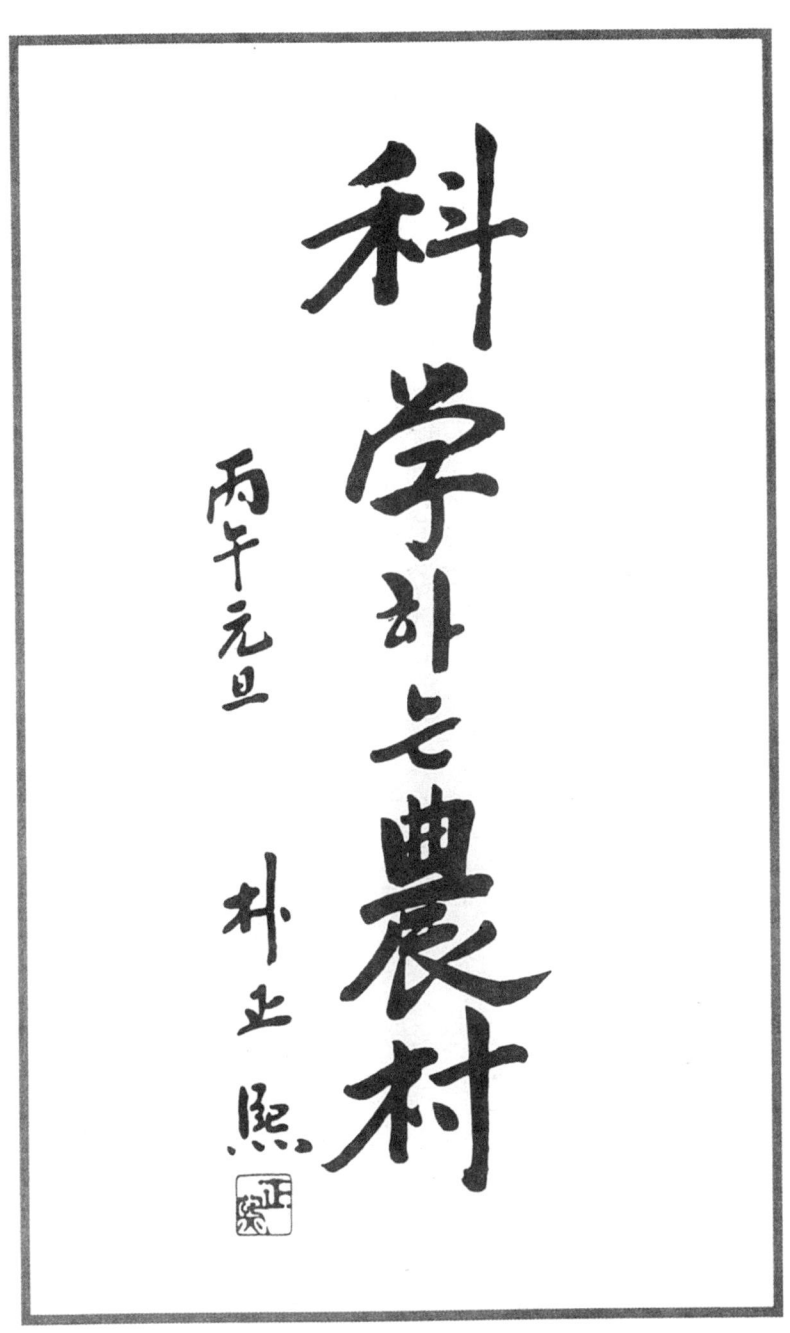

'과학하는 농촌'(1966.)

새로운 벼 품종의 성장 상태를 시찰하는 모습, 수원 농촌진흥청에서(1978. 2. 14.)

5·16군사혁명

사회질서를 회복하고
국민을 하나로 단결시키기 위해 궐기!

1960년의 4·19혁명의 발단이 되었던 3·15부정선거 당시, 박정희는 부산지구 계엄사령관(소장)이었다. 학생과 시민들에게 발포 명령을 내리지 않고 "우리 군인과 장갑차는 시민의 생명과 재산을 지키기 위해 여기에 온 것입니다. 여러분이 원하던 대로 이승만 대통령은 하야했습니다. 이제 더 이상 흥분들 하지 말고 기분을 가라앉힙시다!"라고 열변을 토하여 시민들을 진정시켰다.

서울시청 앞에서(1961. 5. 16.) 가운데가 박정희, 왼쪽 박종규, 오른쪽 차지철

5·16군사혁명을 알리는 조선일보 기사.(1961. 5. 17.)

군사혁명 당일, 계엄사령부 앞에서(1961. 5. 16.)

협객 김두환(1918~1972)과 함께(1962. 3. 1.)

군사혁명 4일 후 서울의 뒷골목을 장악하고 있던 깡패들을 일제 단속하였다. 당시 유명하였던 정치깡패 이정재이다.(1961. 5. 21.)

서울운동장에서 열린 5·16군사혁명 1주년 기념식(1962. 5. 16.)

국민을 결속하고 애국심을 고양시키기 위한 상징으로서 이순신 장군(1545~1598)과 세종대왕(1397~1450) 동상을 전국 각지에 건립. 위·아래의 사진은 서울시 종로구 광화문 광장(1968. 5. 4.)

이순신 장군 동상 건립을 위해 전국을 다니며 힘썼던 노산 이은상(1903~1982) 시인과 함께(1971. 4. 28.)

서울 지하철 1호선 공사 현장 시찰(1971. 7. 16.)

울산 현대중공업(조선) 시찰. 왼쪽이 정주영 사장(1973. 7. 3.)

휴전선 부근 전방 군부대 시찰. 국산 무기의 성능과 작동 방법을 질문(1972. 4. 3.)

대전에서 개최된 향토예비군 창설식(1968. 4. 1.)

식목일엔 간편한 차림으로 카메라를 들고 나섰다.(1969. 4. 5.)

전방(휴전선)을 자주 시찰했다.

KBS-TV 개국식에서 축사(1961. 12. 31.)

청와대에서 처음으로 가진 기자회견(1962. 5. 21.)

충북 청주의 공장 시찰(1969. 9. 3.)

경남 김해의 수해 현장 시찰(1969. 9. 17.)

전남 신안군 유세 현장(1971. 5. 11.)

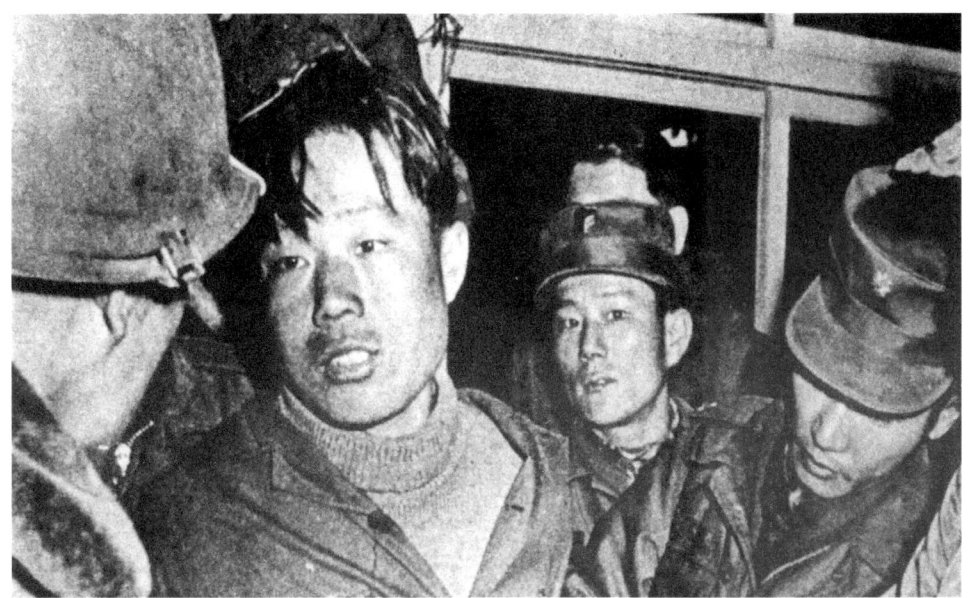

청와대까지 습격해서 대통령을 암살하려던 북한의 무장공비 김신조를 체포(1968. 2. 21.) 대통령 암살을 노린 '청와대 피습사건'으로 민간인 68명이 희생되었다. 이 사건을 계기로 한국은 국방을 강화하기 위해 사건 발발 3개월 후인 1968년 4월에 예비역들로 편성된 향토예비군을 창설한다.

유비무환(안보가 있어야 환란이 없다)

문세광은 북한과 조총련의 사주를 받아 박 대통령을 암살하면 인민 봉기의 기폭제가 될 것으로 확신하고, 1074년 8월 15일 서울 국립극장에서 열린 8·15 광복절 기념식에 잠입하여 대통령을 저격했으나 흉탄이 빗나가 옆에 있던 육영수 여사가 맞고 말았다.

고 육영수 여사 조문(1974. 8. 16.)
박 대통령이 사랑해 마지 않았던 부인은 겨우 49세로 영면했다.

다나카 가쿠에이(田中角榮) 일본 총리가 조문 차 방한(1974. 8. 19.)

일본에 살던 범인 문세광에 대한 사전 조사 미비를 사죄하기 위해 일본 자민당 부총재인 시이나 에츠사부로(椎名悅三郎)가 특사로 방한했다.(1974. 9. 19.)

나의 꿈

300만원을 모을 때까지

저는 서울시 영등포 구로공단 내 가발 수출업체인 삼영산업 주식회사의 기계 기능공으로 일하고 있는 김경자입니다. 지금으로부터 6년 전인 1971년에 삼영산업에 입사했습니다. 지금은 22세의 한 기능공으로 일하고 있습니다만 그동안 제가 걸어온 지난날들을 이번 기회에 되돌아보기로 하겠습니다.

불우했던 어린 시절

경북 영일군 기계면의 작은 농촌마을에서 태어난 저는 3대째 내려온 집안의 외동딸이었습니다. 아버지는 제가 3살 되던 해에 입대한 후 얼마 되지 않아서 불의의 사고로 세상을 떠나고 말았습니다. 외동딸로 사랑을 받으며 자란 저이지만 아버지가 돌아가시게 되자 가족이라고는 어머니와 저만이 남게 되었습니다. 하지만 그 당시 27세였던 어머니가 아버지가 돌아가신 지 채 1년도 되지 않아 재혼하게 되어, 저는 고아나 다름없는 처지로 전락하여 그리 넉넉지도 않았던 외할머니댁에서 크게 되었습니다.

밤마다 엄마를 찾아 우는 어린 저를 안고 할머니는 긴 밤을 한숨과 눈물로 지새우곤 하셨다고 합니다.

그런 와중에 제가 일곱 살이 되던 해, 할머니 손을 잡고 초등학교에 입학했습니다. 그 무렵 무슨 일인가로 문득 집에 찾아오시는 엄마가 얼마나 반갑고 기뻤는지 몰라요. 그때부터 저는 어머니의 따뜻한 품이 못내 그리웠습니다.

친구 집에 놀러 가서 그 친구가 엄마라 부르면서 자기 부모의 손을 잡고 응석을 부릴 때, 저는 멍하니 서서 "나는 언제나 엄마나 아빠라고 한 번이라도 맘껏 불러 볼 수 있을까?"하고 원망스러운 맘이 들기도 했습니다. 초등학교를 우등생으로 마치고 졸업장을 받았습니다만, 친구들이 모두 진학하는 중학교를 저는 가지 못했습니다.

가난한 외갓집에서는 사촌들도 중학교에 보내지 못했는데, 저 혼자만 어떻게 중학교에 진학할 수 있겠는가 하고 체념하고 누구에게도 중학교에 보내 달라는 말을 한마디도 꺼내지도 못하고 진학을 포기해 버렸습니다.

엄마 찾아 십리 길

초등학교를 졸업하자 엄마에 대한 그리움이 한층 더 커졌습니다. 아무리 할머니가 따뜻하게 보살펴 주셔도 마음 한구석으로는 항상 엄마를 그리워하고 있었습니다. 생각 끝에 저는 모두가 부르고 있는 그 "엄마!"라는 이름을 한번 맘껏 불러 보자는 생각으로 재혼한 엄마를 찾아뵙기로 하였습니다.

가지 말라고 할머니가 만류하는데도 저는 십리가 넘는 먼 길을 버스도 타지 못하고 걸어가는 통에 다리가 많이 부어오르기도 했습니다.

그렇게 찾아간 저를 어머니는 반갑게 맞아 주셨습니다.

그 후 어머니 밑에서 새로운 생활이 시작되었습니다. 그 집안은 새 아버지와 할머니, 삼촌 그리고 의붓형제들까지 대가족이었습니다.

처음에는 그 사람들이 저를 반갑게 대해 줄지 어떨지 불안한 생각이 가득했지만 모두 친절해서 겨우 마음을 놓았습니다.

비록 저의 친형제는 아니더라도 어린 형제들을 등에 업고 밥을 짓고 빨래하고 집안일을 모두 도맡아 하다 보면 힘에 부칠 때도 있었지만, 저녁이 되면 농사일을 끝내고 돌아오는 엄마와 조용조용 이야기를 나누는 것이 저에게는 더없는 기쁨이었습니다. 따스한 어머니의 사랑을 조금씩 느끼게 되어 하루하루가 기쁨에 넘치고 즐거웠습니다.

하지만 그 기쁨도 잠시뿐이었습니다. 1년이 지나고 2년이 지나자 가정에 불화가 생기기 시작했습니다. 변해가는 가족들의 시선 속에서 저는 더 이상 집에 머물러 있을 수 없다는 것을 느끼고 엄마 곁을 떠나기로 마음먹었습니다.

그리고 가을 추수가 끝나면 서울로 이사 간다는 외숙모 부부를 따라 상경하기로 결정했습니다.

엄마 곁을 떠나 서울로

그러나 제가 떠나기 전날 밤, 엄마와 저는 끝나지 않는 생각을 말로 다 하지 못하고 밤새 손을 맞잡고 울며 지새웠습니다.

다음 날 아침 작은 옷 보따리를 겨드랑이에 끼고 나서자 엄마는 고갯마루까지 따라와서 하염없이 눈물을 흘리며 말했습니다. "이렇게 어린 나이에 어떻게 타향살이를 할 수 있겠니! 서울 가서 너무 돈만 벌겠다고 굶주리면서까지 일하면 안 돼!" 이렇듯 누구보다 진심으로 저의 건강을 걱정해주신 어머니의 말씀은 지금도 잊히지 않습니다.

어머니의 말을 뒤로 하고 눈물로 목이 메어 인사도 하는 둥 만 둥 발을 내딛기 시작했습니다.

국방색 군복에 총을 메고 찍은 아버지의 조그만 사진 한 장을 유품으로 받아 손에 쥔 채 천리 길을 도망치듯 하여 서울로 향했습니다.

거기서 제가 첫걸음을 내디딘 곳이 구로공단이었습니다. 여기저기 높이 솟아 있는 굴뚝에 새겨진 회사 이름을 보면서 과연 내가 몸담을 곳은 어디일까? 온통 불안한 마음뿐이었습니다.

가발 공장에 취직

1971년 11월 26일, 저는 어떤 공장인지도 모르는 채 아주머니의 남편 뻘 되는 아저씨가 데려다준 회사에 들어가게 되었습니다. 그곳이 바로 지금 몸담고 있는 삼영산업입니다. 작업장 안에 들어가 보니 놀랄 만큼 시끄러운 재봉틀 소리만 들리는 가발 제조 공장이었습니다.

처음 기능공 옆에 앉아 공장 생활을 시작하게 되었을 때는 바늘방석에 앉아 있는 느낌이었습니다. 제가 심한 경상도 사투리를 쓰자 선배 언니들은 그건 어떤 의미냐며 배꼽을 잡고 웃었고, 그럴 때마다 문득 솟구치는 엄마 생각에 언니들 모르게 눈물을 훔치고, 그래도 작업대에 눈물이 뚝뚝 떨어질 때는 참지 못하고 화장실로 뛰어가서 소리내어 울어버린 적도 있었습니다. 가진 돈이라고는 1원도 없었기 때문에 여러 가지 생활필수품은 아주머니 부부가 챙겨 주었지만 추운 겨울을 앞두고 있음에도 이불 한 장 살 돈도 없었습니다.

그래서 당분간 외숙모 집에서 출퇴근하기로 하고 50분이나 걸리는 길을 한 번도 버스를 타지 않고 걸어 다닐 수밖에 없었습니다. 비가 오지 않은 날은 걷는 것도 괜찮았지만 비가 오는 날에는 시골에서 가져온 비료용 비닐봉지를 뒤집어쓰고 다녀서 비 오는 날 아침 출근길에는 웃음거리가 되기도 했습니다. 이렇게 해서 그래도 한 달 동안 성실하게 출근한 결과 첫 월급을 받았습니다.

내 첫 월급은 6,000원이였습니다. 그 6,000원을 받아든 순간 눈시울이 뜨거워졌습니다.

이렇게 하면 월급을 받을 수 있구나! 내 힘으로 처음 번 6,000원이 얼마나 고마웠는지 모릅니다. 현재는 그 몇 배나 되는 월급을 받고 있습니다만, 처음 받았던 월급만큼은 감사하게 느껴지지 않습니다.

이렇게 해서 석 달 동안 받은 월급을 전부 이모에게 맡기고, 필수품 구입용으로 간직하고 있던 얼마간의 돈을 합쳐서 이불 한 장을 사서 기숙사에 가지고 들어갈 수 있었습니다.

그 후 네 차례 더 월급을 받고 나서 친척 아저씨 집에서 하는 10만원짜리 계(契)에 들기로 했습니다. 10만원 계에 들어가고 나서 문득 엄마 생각이 치밀어 오르는 일도 있었지만, 이를 악물고 참으며 괴로운 수습 생활을 이어 갔습니다.

그 당시 제 한 달 용돈은 겨우 300원이었습니다. 6,000원의 월급에서 5,700원은 곗돈으로 빼놓고 300원으로 한 달 동안 아끼고 아껴 쓴 결과 때로는 다음 월급날에 보면 지갑 속에 아직 50원, 100원이나 남아 있을 정도였습니다.

 기숙사 생활을 했기 때문에 나가는 것이라곤 50원 정도 하는 세탁비누 한 개와 치약이 50원, 그리고 편지지값 정도로 그 외에는 어디에 사용할지도 몰랐습니다. 그러는 동안 한 달, 두 달이 흐르고 입사 후 8개월 만에 수습공 딱지를 떼고 재봉틀 한 대를 받아 기술을 배우기 시작한 결과 처음으로 제품을 만들 수 있게 되었습니다. 만일 불량품이라도 만들게 되면 어쩌나 하는 걱정에 떨리는 손으로 조심조심 만든 첫 제품이 검사에 합격하였을 때, "으응, 상품들은 뭐 이런 식으로 만들면 되겠네!" 하는 자신감을 얻었습니다.

 그 이후 기술이 향상되면서 생산량도 하나둘 늘기 시작하자 처음으로 회사 생활에 흥미를 느끼게끔 되었습니다. 감원 사태 이후 3개월 정도 지날 무렵, 내 기술도 눈에 띄게 좋아져서 콧노래를 부르면서 일을 할 수도 있었습니다.

 하지만 세상은 그런 나를 그대로 내버려 두지는 않았습니다, 그 무렵 회사 사정으로 종업원 수를 줄인다는 명단 속에 제 이름도 들어 있었습니다. 기술을 배운지 3개월도 안 된 탓에 기술이 좋아졌다고 해 봤자 5~6년씩의 경험이 있는 일류 기능공에게는 훨씬 미치지 못했던 것입니다.

 남들처럼 따뜻한 부모님과 남매가 있는 집이라도 있으면 아무 걱정이 없겠지만 나에겐 그런 가정이라고 할 만한 곳이 없었기 때문에 통보를 받고 나서는 회사 철망을 붙잡고 서럽게 울었습니다. 하지만 결국 회사 문을 나설 수밖에 없었습니다. 그때부터 구로공단 안에 있는 이 회사 저 회사를 빙빙 돌아다니며 저를 써달라고 문을 두드렸습니다.

 하지만 그 당시에는 모두가 불경기로 지금 있는 사람도 남아돌아 갈 판에 신입으로 누구를 채용할 수 있겠느냐 하는 비웃음을 등 뒤로 하고 발길을 돌려 온종일 돌아다녔습니다만 나를 고용해 주는 회사는 없었습니다. 할 수 없이 공단 구석 길가에 퍼질러 앉아 있던 중 문득 제 머리를 스치는 게 있었습니다, 그것은 단 한 장 밖에 없는 아버지 사진이었습니다. 그 사진이 머리에 떠올랐을 때, "나는 이러고 있을 수는 없다. 다시 한번 일어서 보자! 그리고 아버지가 다 하지 못한 이 세상에서 아버지 몫까지 한번 열심히 살아 보자! 고 하는 용기가 생겼습니다.

그리곤 이전에 신세를 졌던 회사를 찾아가 공장장에게 제 어려운 형편을 호소했습니다. 그 공장장님 덕분으로 재입사가 허락되었을 때 얼마나 고마운지 몰랐습니다.

굳은 결심으로 재입사

일류 기능공이 되고 말겠다는 굳은 결심을 하고 다시 보조원으로 들어가게 되자 저를 아는 사람들은 "이번 감원으로 나갔던 그 아이가 다시 들어왔네!"라며 수군거렸습니다. 나는 머리를 숙이고 여기저기 일손이 부족한 곳을 찾아가 일을 돕고, 이렇게 하던 중 가발 경기가 좋아지자 생산과장의 허락으로 두 번째 기능 습득의 기회를 얻게 되었습니다.

첫 번째는 기능 습득에 실패했기 때문에 다시 죽도록 열심히 기술을 배워 이 기회를 살리지 못하고 끝나면 어쩌나! 하는 걱정도 있었습니다만, 두 번째 기술은 가발 제조공정에서 가장 중요한 '로스트'라는 기능을 야간에 배우게 되었습니다. 야간에 30여 명의 양성공이 모여 기술을 배우는 틈 속에 저도 들어가서 밤새워 지도를 받고 새벽에 기숙사로 돌아오면 다른 동료들은 모두 잠들어 있었습니다.

침대 옆 창가에서 뭉친 다리를 주무르며 엄마 생각에 눈물을 흘렸습니다. 하지만 곤히 잠든 동료들을 바라보니 "저 친구들은 부모 형제가 다 있는데도 남들보다 조금이라도 더 잘살아 보겠다고 고향을 떠나 타향살이를 하고 있지 않나. 원래 부모·형제가 없는 나는 오히려 형편이 더 나은 게 아닌가?" 하고 생각을 고쳐먹자 다소나마 슬픔을 참을 수 있었습니다.

철야로 직원 양성 교육을 받고 기숙사로 돌아와 오전에는 잠을 자고 오후에는 부은 얼굴 그대로 작업장에 나와 어떻게 하면 빨리 기능을 습득할 수 있을까 궁리했습니다. 그리고 기능공 선배가 작업하는 모습과 손 움직임을 유심히 지켜보아 두었다가 저녁 공정에 참가하여 실천해 보았습니다.

한 달 동안 기능을 익히려고 남몰래 노력한 결과 양성과정을 끝내고 주간 작업을 하게 되었습니다. 주간작업에 참여해도 처음에는 양성공으로서 작업장 청소를 도맡거나 기능공 옆에서 훔치듯이 기능을 배워 나갔습니다.

가위 쓰는 방법, 재봉틀에 실을 꿰는 법, 작업할 때의 자세 등 얼마간의 기능도 몸에 배게 되자 나에게도 겨우 한 대의 재봉틀이 배당되었습니다.

나는 그때부터 200명 이상의 반원들 경쟁 속에 뛰어들게 되었습니다. 기능공 선배 언니들이 능숙한 솜씨로 가발을 만들어 갑니다. 나는 서투른 손놀림으로 그 기능공 언니들을 따라가려고 남보다 일찍 출근하고 필요한 재료들을 준비하여 작업 개시 벨이 울리면 다른 일은 제쳐두고 오직 제품을 만드는 데만 정신을 집중해 일했습니다.

정신을 차리고 보니 재봉틀 바늘이 손가락 여기저기를 찔러 피가 났고 가위를 든 손바닥에는 물집이 생겼다가 터지곤 하여 굳은살이 박혀 있었습니다. 건강 따위는 생각할 겨를도 없이 매일같이 무리를 거듭하다가 일을 마치고 기숙사로 돌아오면, 당시의 오일쇼크(석유파동)로 인해 난방기구 같은 것은 하나도 없는 차가운 방에서 그래도 사내 도서실에서 빌린 책을 읽어 보려고 했으나 글씨가 눈에 들어오지 않고 금세 몽롱해져 그대로 잠이 든 적도 많았습니다. 하지만 일단 작업대에 앉으면 열심히 일한 결과, 제 생산량은 놀라울 정도로 높아졌습니다. 그러나 끼니도 제대로 먹지 않고 계속 무리하여 일하던 어느 날 그만 작업장에서 정신을 잃고 쓰러지고 말았습니다.

정신을 차리고 보니 병원 침대 위였습니다. 그때 처음으로 엄마가 원망스러웠습니다. "나는 왜 형제가 한 명도 없나? 언니나 오빠가 한 사람이라도 있다면 얼마나 마음 든든할까?" 하는 생각에 돌아가신 아버지조차 원망스러웠습니다.

15일간의 입원 생활을 끝내고 차츰 건강이 회복되자 다시 작업에 임하게 되었는데 아직 현기증을 느끼면서도 힘내어 일한 결과 제 생산량은 다시 오르기 시작하였습니다.

펑크 나버린 곗돈

그 후 저는 점차 작업반장에게 기능을 인정받게 되었고 한층 더 힘을 내어서 일했습니다. 그러던 제게 또다시 예기치 못한 실망스러운 소식이

전해 졌습니다. 그날은 제가 그동안 꼬박 1년간이나 애타게 기다리며 꼬박꼬박 곗돈을 부어왔던 10만 원짜리 계(契)를 열세 번째로 제가 타는 달이 되었기 때문에 너무 기뻐서 잠도 잘 이루지 못하고 설레는 마음으로 계를 타러 간 날이었습니다.

아! 이게 대체 어찌 된 일입니까? 1년 동안 꼬박꼬박 불입해온 곗돈을 단 1원도 건질 수 없게 되어버렸다는 사실을 알고 나서, 저는 그만 그 자리에 털썩 주저앉아 버리고 말았습니다. 계를 들고 나서 꼬박 1년 동안 매달 용돈 300원마저 아껴가며 친구들이 월급을 받으면, 제철 옷을 사 입고, 먹고 싶은 것도 사 먹고 할 때 자는 그런 것을 한 번도 따라 하지 못하고, 마음속으로 "아! 나는 이렇게 1년 동안만 괴로움을 참아내면 뭔가 남는 게 있지 않은가!" 하는 기대를 갖고 견뎌왔던 것입니다. 그런데 이렇게 만 1년 동안 6천~7천원 받는 월급을 절약하면서 부어 온 곗돈이 동전 한 푼도 건질 수 없이 날아 가 버렸다는 충격은 제가 품고 있던 꿈의 크기보다 더 큰 것이었습니다.

그 당시 저에게 10만원은 현재의 100만원보다 더 귀중하고 큰 액수였습니다. 저는 허탈한 마음으로 과연 누구를 믿고 살아야 하느냐는 생각에 힘없이 회사로 발길을 돌릴 수밖에 없었습니다. 회사로 돌아가는 도중 저는 그래! 이제부터 내 손으로 번 돈은 내 손으로 관리하며 지금부터 다시 시작해보자! 고 결심했습니다.

그러나 작업대에 앉아 일을 시작해도 날아간 곗돈이 눈앞에 어른거렸고 그것을 잊어버리려고 또 입술을 깨물며 일에만 신경을 집중시켰습니다.

그 무렵 우리 회사는 산업은행 구로동 지점과 자매결연하고 있었는데, 월급 다음날 은행원이 우리 회사로 직접 찾아와서 입금처리를 해주고 있었습니다. 다음 달 월급부터 저도 그 은행원에게 적립금을 주어 입금했습니다.

첫 목표를 100만원으로 세우다

저는 목돈을 만들어 가야겠다는 생각에 6개월 만기 저축 10만원의 적금통장을 만들어서 트렁크 안에 넣고 잠가버렸습니다. 다시 한번 목표를 세워서 일해보자. 그러면 다소 새로운 기분으로 일할 수 있을 것 같아서 우선 처음 3년 동안 적립금 100만원을 목표로 삼았습니다.

처음에는 내가 과연 이 목표를 달성할 수 있을까 하는 회의감에 사로잡히기도 했습니다. 하지만 뛸 수 있는 데까지 뛰어보자는 각오를 했고, 그때부터 100만원이라는 목표를 두고 일하게 되자 더욱 힘이 솟았습니다.

봄이 되자 기숙사 친구들은 야유회다, 등산이다 하며 휴일 아침 일찍 기숙사를 빠져나갔지만 저는 당번 기숙사에 남았습니다. 사내 도서관에서 책을 빌려 보는 것이 제 나름의 유일한 사치였습니다.

일주일에 한 번 외출하는 곳은 이모 집으로, 그것도 걸어서 왔다 갔다 했기 때문에 교통비도 필요 없었습니다. 그러던 중 첫 번째 적금이 만기가 되어 마침내 10만원을 손에 쥘 수가 있었습니다. 나는 그 10만원을 정기예금으로 넣어 두고 다시 두 번째 적금에 들어갔습니다.

1년 반 만에 40만원 적금을 넣기 시작했을 때 매달 불입하는 금액이 20,640원이었습니다. 월급은 능률제였기 때문에 생산량이 늘어남에 따라 제 월급도 점차 늘어나서 때로는 20,640원을 저축해도 여분이 남았습니다. 그럴 때는 거기서 용돈을 조금 떼어 놓고 나머지는 다시 보통예금 통장에 넣었습니다.

피로로 녹초가 되었을 때도 트렁크 안에 넣어둔 저금통장을 꺼내 하나 둘씩 통장에 찍힌 도장의 숫자를 헤아리면 힘이 솟아 점차 부풀어 오르는 꿈속에서 일할 수가 있었습니다.

1년 차에 수석 기능공으로

그러는 중에 저의 기능은 놀라울 정도로 늘어 옆자리의 기능공 언니가 하나를 만들면 저도 하나 만들어냈고, 마침내 한 단계씩 오르게 되었습니다. 용기를 북돋아 준 반장 언니의 도움으로 계속 열심히 일한 결과 연말 결산 시에는 그 노력이 확실히 결실을 맺고 있었습니다.

200여 명의 5, 6년 차 선배 언니들을 다 제치고 제가 반에서 생산량 1등을 차지하게 되었을 때 처음으로 "하면 된다!"라는 것을 실감했습니다. 눈물을 머금고 멍하니 서 있는데 공장장님과 생산과장님이 저의 두 어깨를 두드리며 칭찬을 해주셨습니다. 그러나 한편으로 제가 생산량 1등이라는 소문이 회사에 퍼지자 선배 언니들의 시기심이 쌓이기 시작했습니다. "저 수련사원 계집아이가 언제 벌써 생산량 1등이 됐다는 거야?"는 둥 이래저래 헐뜯는 말을 듣고, 또 일을 마치고 돌아가는 내 등 뒤에서 "미친것처럼 일하는 것밖에 모른다. 인간 같지 않다."라고 내씹는 말을 듣고 그때마다 꺾일 것 같은 마음을 이래서는 안 된다고 다짐하고 스스로를 위로 격려하며 채찍질해 가야 했습니다.

내 마음의 슬픔 같은 걸 알 리 없는 동료들도 언젠가는 제 마음을 알아줄 날이 올 거라며 곁눈질도 하지 않고 일에만 온 힘을 쏟았습니다.

제 월급이 1,000명이 넘는 사내 직원 중에서 가장 많았고, 월급봉투를 받아 기숙사로 돌아가면 돈을 꾸려오는 친구들도 있었지만 1원도 빌려주지 않았습니다. 그리고 밤을 새워 생각해 보니 40만원 적금에 들어갈 몫을 빼고도 아직 돈이 남기에 그것을 보통 예금에 넣을까 했는데, 그동안 보통예금에 넣어두었던 금액도 꽤 쌓여 있어서 적금을 하나 더 만들기로 했습니다.

1년 반 만기로 30만원 짜리 적금을 계약했기 때문에 모두 70만원이라는 큰 액수의 적립금을 쌓아가게 되었습니다. 나는 아침저녁으로 쓰는 치약까지 조금씩 짜서 사용하는 등 인색한 생활을 계속했습니다. 그래도 때로는 몸이 아프다거나 기타 뜻하지 않게 돈이 나가기도 하고 또 회사 사정으로 월급이 적어지거나, 36,100원씩 매달 나가는 적금보다 월급이 적게 나온 때도 있었지만 그때마다 부족액을 보통 예금통장에서 꺼내 보충해서 저금했기 때문에 적금은 해약하지 않고 무사히 저축해 갈 수 있었습니다.

얼마 전 1974년 10월 저축의 날에 회사 추천으로 '저축왕'이 되어 저축중앙위원회 회장으로부터 표창을 받은 적도 있었습니다.

그러는 동안 회사 동료들도 차츰 저를 이해해 주기 시작했고, 조장이 되어 자신이 체험한 대로 조원들에게 기술교육을 해주고 조원들의 기능이 향상됨에 따라 적지 않은 보람을 느끼게 되었습니다.

1975년 7월 자원절약 생활 실천 사례 발표회에서 제 생활 모습을 있는 그대로 발표해서 입상한 적도 있었습니다. 새마을 역군이 되어 기숙사 동료들의 저축심 함양에도 노력했습니다. 그 결과 신규 저축자도 70~80명이나 늘어났습니다.

목표 달성

그러면서 저의 저축은 목표를 향해 늘어가기 시작하여 최초 목표인 100만원을 손에 쥐는 순간 그 돈을 움켜쥐고 흐느끼고 말았습니다. 은행원들은 의아한 표정으로 저를 쳐다보며 "아니 돈을 들고 우는 사람은 처음 봤네!" 하면서 수군거렸고 저는 부끄럽고 쑥스러워 서둘러 은행 문을 나섰습니다.

그 100만원을 밑천으로 외갓집에서 가난에 허덕이던 시절을 상기하며 700평의 논을 사서 등기를 마치고 나서 "나도 남부럽지 않은 지주가 되었다."는 기쁨을 맛볼 수도 있었습니다.

최초 목표를 달성하고 두 번째로 세운 목표 100만원은 1976년 12월로 되어 있던 예정을 두 달이나 앞당겨 그해 10월에 무사히 달성할 수 있었습니다. 1977년 1월부터 3년 만기 100만원의 적금을 계약해 저축을 계속하고 있습니다.

현재 저의 생활은 매우 바쁘지만, 희망이 있습니다.

1975년 새마을 역군(여기서 역군이란 일반 임금 근로자를 말한다. 박정희 대통령이 농촌근대화를 목표로 제창한 운동을 일반적으로 새마을 운동이라 부르며 새마을 금고라는 금융기관도 설립되었다. 저자의 저축은 이 새마을 금고에서 이루어 진 것 같다, 그래서 자신을 새마을 역군이라도 표현한 듯하다.)이 되면서 상공부 제2 연수원에서 여러 기업 사장님들을 대상으로 하는 새마을 교육 프로그램에 '저축사례 발표'라는 주제로 강단에까지 서게 되었습니다.

처음에는 말재주도 없는데다 떨리기도 하고 여간 피곤한 게 아니었으나 연수원장님의 따스한 보살핌 덕에 차츰 자신감을 얻게 되어, 연수 교육이 있을 때면 저의 경험담을 이야기해 주게 되었습니다.

교복을 입어보는 게 소원

하지만 저는 아직도 제 소원인 학교 교복을 한 번도 입어보지 못한 채

한 살 두 살 나이만 먹어가고 있었습니다. 이번에 대통령님의 배려로 우리 공단 근로자들을 위해 야간 중·고등학교가 설립되었습니다. 많은 근로자가 일을 마치고 기쁜 마음으로 학교에 다니면서 과거의 저처럼 상급학교에 진학하지 못했던 동료들은 배우고 싶은 갈망을 적잖이 채울 수 있었습니다. 게다가 아침시간에 1시간씩에 불과하지만, 회사 내에 '상영 교실'이라고 하는 교육용 영화가 상영되어 다소나마 우리의 욕망을 충족시킬 수가 있었습니다. 저도 통신교육 교재를 구입하여 독자적으로 노력하면서 이것이 이른바 "일하면서 배우고, 배우면서 일한다!"는 것인가 하고 실감하기도 합니다.

지금은 어떠한 역경과 난관이 있어도 강한 마음가짐으로 살아갈 자신이 있습니다. 물론 가진 자에게 이 정도의 금액은 아무것도 아니겠지만, 저에게는 이 돈을 모으는 것이 그리 쉽지만은 않았습니다. 6천~7천원의 월급으로 시작해서 10원, 20원씩 모아 갔고, 그래서 중국집에서 짜장면 한 그릇 맘대로 사 먹지도 못하고 친구들처럼 화장품 하나 마음대로 사서 쓴 적도 없고, 친구들이 가죽 구두를 신고 다닐 때 저는 운동화로 견디며 영화 구경을 한 적도 없습니다.

하지만 그래도 저는 지난 삶이 그리 허무했다고는 생각하지 않습니다. 남들처럼 부모님 슬하에서 애지중지 사랑받고 자라지는 못한 저이지만 누구 못지않게 정직하게 살아가려고 합니다.

꿈을 향해 나아가자

지금도 한 사람의 산업 전사로 공업단지에 몸담고 있지만, 제 꿈은 멈추지 않습니다. 장래 실현하고자 하는 저의 꿈은, 불우한 가정에서 태어나 부모님의 사랑을 받아보지 못하고, 배우고 싶어도 배우지 못하는 고아들을 위해 저의 미력한 뜻이 조금이나마 보탬이 될 수 있도록 장학금이라도 마련하여 도움을 드릴 수 있도록 노력하는 것입니다. 이것이 소녀의 작은 꿈입니다. 이를 반드시 실천하기 위해 저는 요즘 한창 설립되고 있는 공장과 각 지역의 새마을운동이 열기를 더해 성공하게 되면, 강한 나라, 잘 사는 나라, 새로운 나의 조국이 달성되리라 믿고, 저의 꿈을 달성하기 위해 새마을운동과 함께 일로 매진할 것입니다.

오늘도 이 새봄의 화창한 날씨와 함께 저는 밝은 마음으로 구로공단 수출 역군으로 열심히 일하고 있습니다. 부풀어 오르는 저금통장과 함께 제 가슴 속에 가득한 소망과 기대가 열매 맺게 되는 날은 언제쯤일까요? 그렇게 멀지만은 않을 것입니다.

구름 한 점 없는 푸른 하늘을 우러러보며 부끄러움 없는 미래의 인생을 설계하고 꿈을 향해 나아가고자 합니다.

(김경자 〈노동〉 제4호, 1977년에서 인용)

후기

이 수기는 박 대통령 시해 사건이 나기 2년 여 전인 1977년 후반에 쓴 것이다. 글쓴이는 채 스물두 살이 되지 않은 젊은 여공으로, 그녀는 인생 밑바닥의 일반 노동자로 서울시 구로공단에서 일하고 있었다. 그 무렵 한국은 '한강의 기적'을 바탕으로 한 경제성장이 눈부시게 급성장하던 시기였다.

그러나 한편으로는 성장의 그늘에서 허덕이는 노동자들도 많았고 노사 갈등도 심했다.

눈부신 성장과 그 여파로 인한 그림자가 공존하는 시대에 쓰인 한 여공의 수기나, 가난하지만 내일에 대한 희망을 잃지 않고 앞날을 보고 생활하고 있는 모습을 잘 알 수 있다.

이렇게 젊은이에게 희망과 꿈을 가질수 있는 환경을 만드신 분은 바로 박정희 대통령이였다.

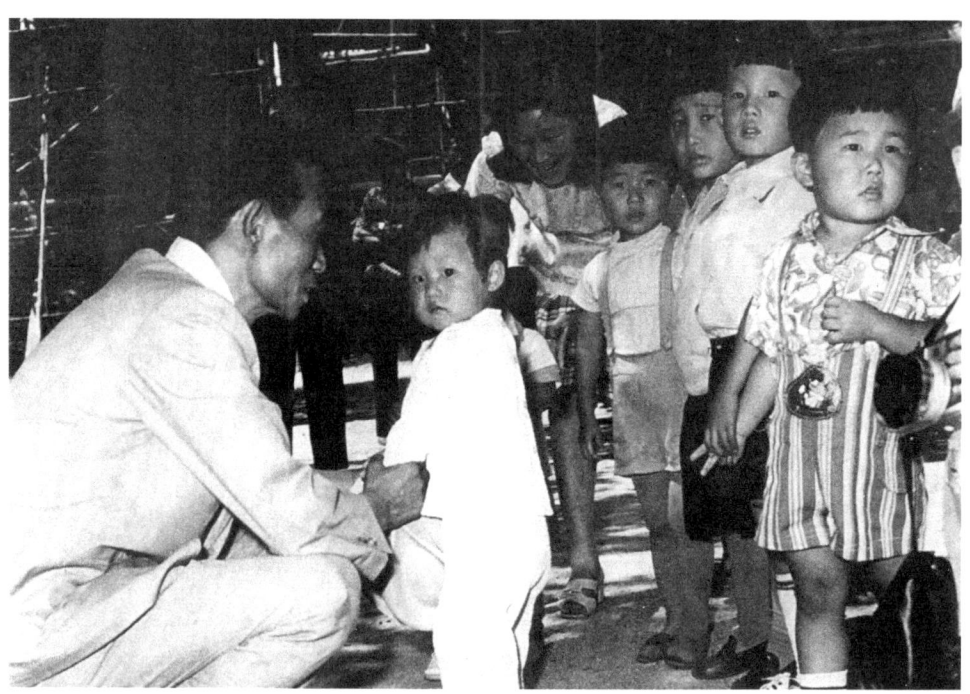

경주 불국사 경내에서(1972. 6. 18.)

서울시 구로공단에서 일하면서 공부하고 있는 여공들을 찾아가 격려(1973. 3. 17.)

청와대를 찾아온 유치원생들과 함께(1970. 12. 24.)

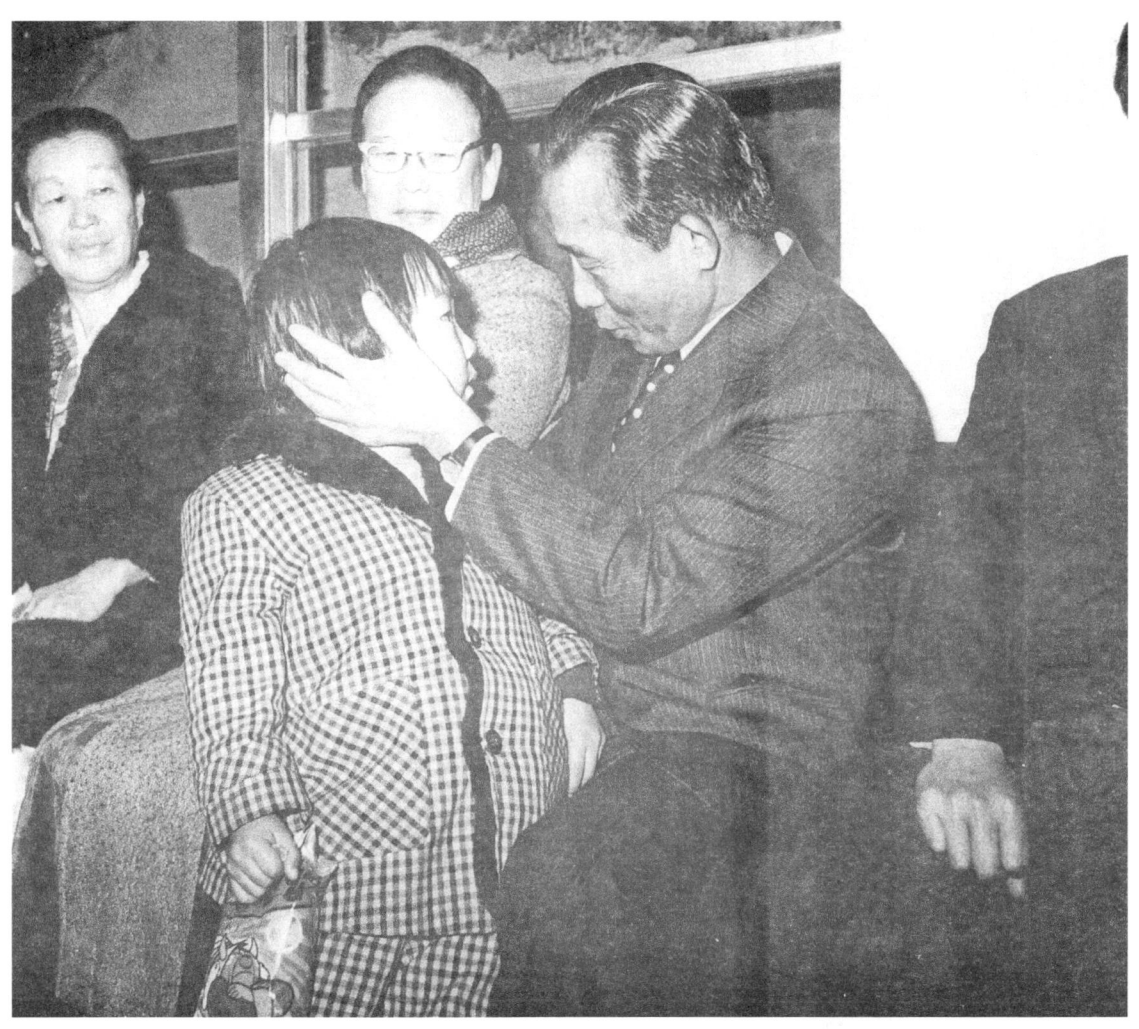
지방 시찰을 마치고 서울 지하철 안에서 우연히 만난 어린이를 보고 미소를 띠는 박 대통령(1979. 2. 20.)

효창운동장에서 열린 제1회 서울 경찰 체육대회에서 여학생과 함께 달리기를 하다.
(1962. 10. 17.)

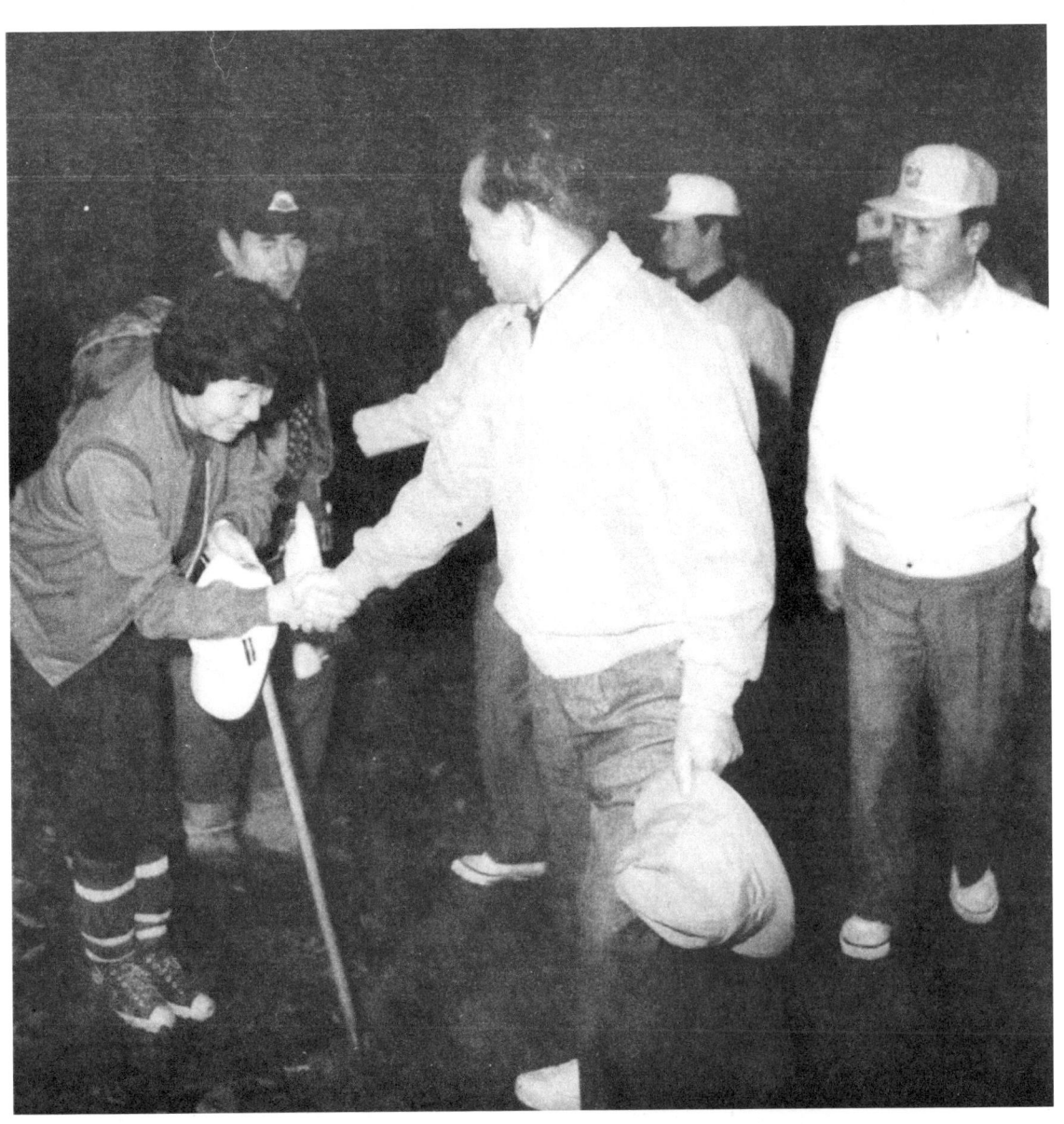

등산길에서 여성들과 마주친 박 대통령(1978. 11. 14.)

서울 구로공단의 가발공장(1964. 11.)

수출 1억불 달성 기념행사장에서(1964. 11. 30.)

울산공대 시찰 중 장발 학생에게 "자네 머리가 조금 길군" 하시면서 쓴웃음을 짓는 박 대통령(1975. 11. 8.)

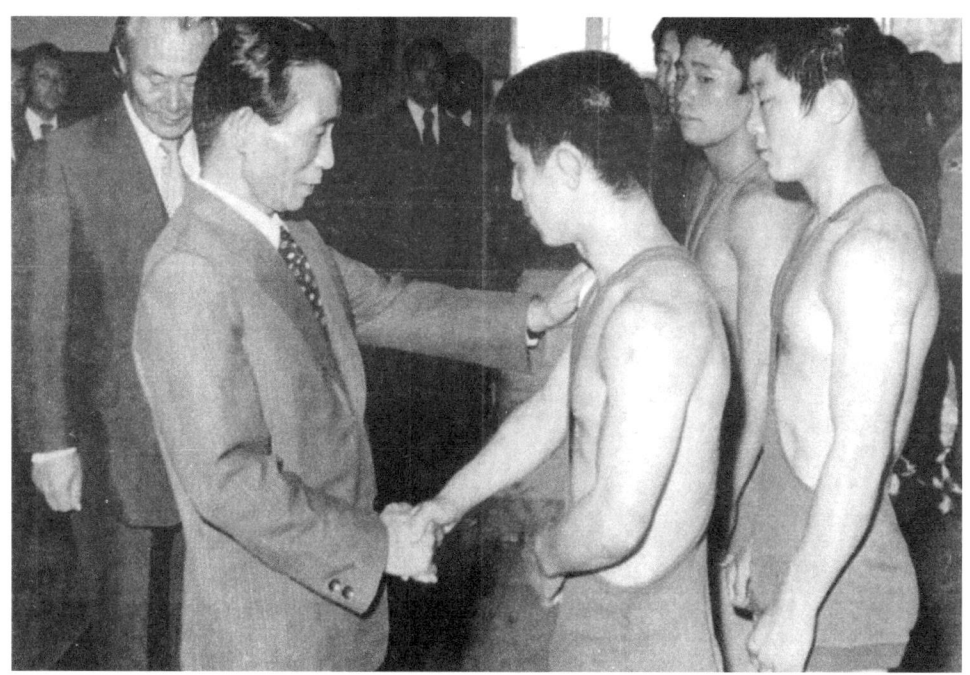

국가대표 레슬링 선수들을 격려하다.

사격대회 선수들을 격려(1976. 6. 17.)

군인 야구대회에서(1962. 11. 24.)

제1회 대통령배(杯) 축구대회에서 시축(1971. 5. 2.)
박 대통령은 작은 체격이긴 했으나 근육질 몸매였다. 스포츠 외에도 그림, 서예, 사진 촬영, 승마, 사격 등 취미도 다양했다.

군인 야구대회에서(1962. 11. 24.)

제1회 대통령배(杯) 축구대회에서 시축(1971. 5. 2.)
박 대통령은 작은 체격이긴 했으나 근육질 몸매였다. 스포츠 외에도 그림, 서예, 사진 촬영, 승마, 사격 등 취미도 다양했다.

서울 구로 수출산업공단 준공식에서 기념 휘호를 남기다.(1967. 4. 1.)

서울 적십자병원에서 봉사활동 중인 육영수 여사(1973. 7. 11.)

경주 불국사 시찰을 마친 대통령과 육 여사(1973. 10. 17.)

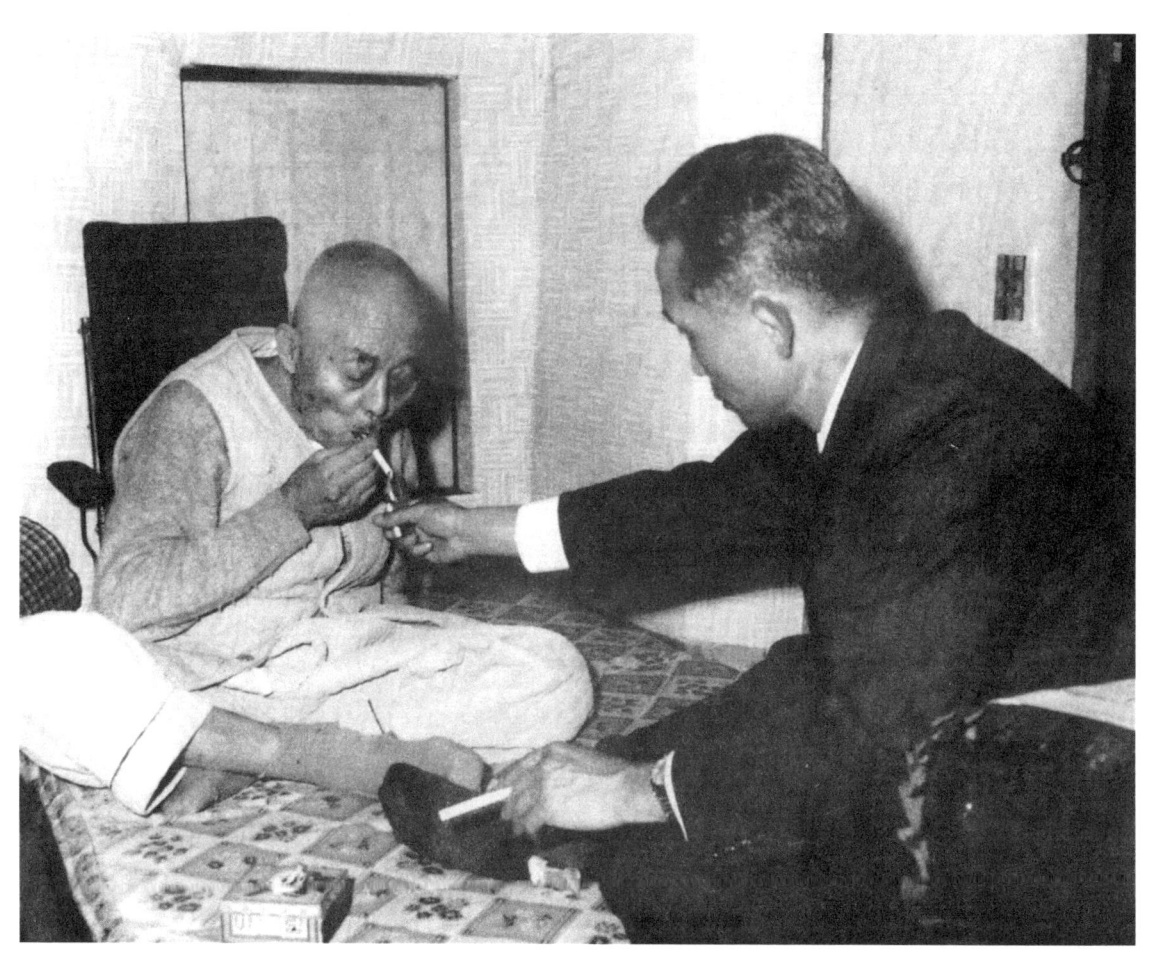
박 대통령은 권력을 쥐고서도 결코 친인척들을 권력에 가까이하지 못하게 했다. 큰형 동희 씨가 지키고 있는 생가를 방문(1969. 10.)

천주교 서울 교구장 김수환(1922~2009) 추기경을 방문(1968. 7. 1.)

서울 시내 용산구 보광동에 있는 직업훈련소를 방문(1973. 10. 17.)

고향 인근에 있는 대구시를 찾아가 할머니들과 환담(1967. 5. 21.)

박 대통령께서는 재일동포들에게도 많은 신경을 쓰셨다. 당시 권일(權逸) 재일본대한민국민단 단장과 광복 이후 『일본의 한국침략사』, 『일제통치사료』 등을 저술한 역사학자이시며 민단 제33대 단장(1972~1974)을 역임한 김정주(金正柱) 씨 등과 만났다. '역사'를 좋아하는 박 대통령은 역사학자 김정주 단장을 반갑게 맞이하였다. (1968. 6.)

자연보호에도 힘을 쏟았다. 서울 교외의 북한산에서(1977. 3.)

경북 영주의 수해지구를 시찰(1961. 8.)

철강 한국
- 집념 10년 -

포항제철 박태준 사장 vs 언론인 선우 휘 대담

박태준(1927~2011, 포항제철 사장)   선우 휘(1922~1986, 당시 조선일보 주필)

세계의 비관론을 한방에 날려버린 '차원이 다른 성장'

선우 = 먼저 포항제철 창립 10주년을 진심으로 축하드립니다.

이번이 저로서는 3번째 방문이 되겠습니다만, 항상 새로운 감회를 느끼게 됩니다. 10여 년 전 인도 정부의 초청으로 인도 북부지방에 있는 빌라이 제철소를 방문한 바 있습니다. 당시 한국은 그 제철소에서 레일을 수입하고 있었는데, 빌라이 제철소는 네루 수상이 인도 근대화를 위해 봄베이의 비바 원자력 연구소와 함께 인도의 장래 운명을 걸고 건설한 것이라고 합니다. 이 제철소는 소련 기술자들이 지었는데, 제가 거기서 받은 인상과 포항제철에서 받은 첫인상은 매우 유사한 것이었습니다. 그런데 이번 방문에서는 그동안 변모한 모습에 정말 깜짝 놀라게 되었습니다.

아무리 '하면 된다!'라고는 해도 10여 년 전 한국에서는 '제철만은 꿈도 꾸지 못할 일'이라고 체념해 왔지만, 포항제철의 오늘 성과는 그야말로 하나의 기적이라고 할 수밖에 없네요. 이런 아이디어가 어디서 나왔는지, 또 어떻게 해서 제철소를 만들려고 시도하게 되었는지 여쭙고 싶습니다만….

박 = 5·16 직후 당시 최고회의 의장이었던 박정희 대통령은 경제건설 공약에 따라 1962년부터 제1차 경제 개발 5개년 계획을 수립하고 공약을 실천하기 시작했는데, 그 계획 속에 제철소 건설이 포함되어 있었던 것입니다.

그때 5개년 계획사업으로서 중화학 공업건설을 우선해야 하는가 아니면 경공업을 우선해야 하는가 하는 한국 개발의 성격과 방향을 결정한 것입니다.

그때 박 대통령은 적어도 20~30년에서 50년 앞을 내다보고 제철소 건설을 구상하신 거 같습니다. 애초 약 30만톤 정도의 제철소 건설을 제1차 경제 개발 5개년 계획에 포함했지만, 당시 한국의 재원은 매우 빈약하여 도저히 당시의 자국 재원만으로는 건설이 불가능하므로, 우선 내자 조달 방안으로서 제1차 경제 개발 5개년 계획사업에 포함시켰던 제철, 비료. 전기, 정유 등 4개 분야 중 제철과 비료는 부정 축재 환수금으로 충당하기로 되어 부정 축재 카테고리에 들어가는 두 팀 중 한 팀에 맡기게 된 것입니다.

그래서 서독의 Demag Krupp Ghh로 구성된 DK그룹에 타당성 검토를 의뢰 했는데. 당시 한국의 기술 축적도나 부정 축재 환수금의 동원 능력, 또 그것을 추진할 주체가 부정 축재자로 지명된 사람들로 구성되어 있었으므로, 제철 분야에는 비전문가들뿐이고 특별히 이렇다 할 지도자도 없는 등 여러 가지 복합적인 원인으로 결국 좌절해 버렸습니다.

당시 계획했던 30만톤 규모의 제철소가 과연 경제성이 있는지 여부도 문제였지만. 10년간 제철소 건설과 조업을 주도해 온 저로서는 제1차 경제 개발 5개년 계획으로 30만톤 규모의 제철소 건설 계획이 무산된 것은 오히려 전화위복이 된 셈입니다.

결국, 제1차 당시 계획된 비료공장이나 정유공장 등은 모두 완공되었지만, 제철소 건설만은 보류하고, 1967년부터 시작된 제2차 경제 개발 5개년 계획에 50만톤 규모의 제철소 건설 사업이 재차 수립되었습니다.

제2차 경제 개발 계획이 실행단계에 접어들 무렵, 마침 박 대통령이 미국 제철 공업의 중심지인 피츠버그를 방문한 적이 있었습니다. 그때 당시

장기영 경제기획원 장관에게 제철소를 건설할 수 있도록 미국 측과 협상해 보라고 지시하셨습니다. 거기에서 미국뿐만 아니라 제철 선진국을 하나로 묶어 컨소시엄(협력단)을 구성하여 추진해 보기로 되어 미국, 영국, 독일, 프랑스, 이탈리아 등 5개국 8개 사로 한국국제제철차관단(KISA)을 구성하여 한국 정부와 KISA 간에 연간 50만톤 규모의 제철소 건설에 관한 잠정 계약을 맺게 되었고 결국 우리에게 그 건설의 주체가 되라는 임무가 맡겨진 셈입니다.

선우 = 그게 언제 일입니까?
박 = 1967년 9월 무렵입니다.

선우 = 그런 중차대한 임무가 박 사장님에게 맡겨진 데는 뭔가 필연적인 이유라도 있었습니까?
박 = 글쎄요. 제가 일본 도쿄에서 이공계 대학은 나왔습니다만, 당시 저는 비철금속을 다루는 대한중석의 사장이었기 때문에 어쩌면 비철도 역시 금속이라는 점에서 일맥상통(一脈相通)한다는 점도 있기는 했을 겁니다. 그렇게 해서 1967년 11월 정부 산하에 종합제철 건설 추진위원회가 구성되었습니다.

선우 = 일부에선 포항제철의 성과를 보고 나서 역시 그런 가능성이 있었기 때문에 박 사장님이 맡게 된 것이라고 당연시하는 의견도 있는 것 같습니다만, 여기선 어찌했든 간에 결과를 보고 말한 콜럼버스의 달걀 이야기가 생각납니다. (웃음) 제철소 건설 계획이 발표되었을 때, 처음엔 외국에서도 일소에 부쳤다는 이야기가 있습니다만, 오늘 같은 기적적인 성과를 낳은 원인은 무엇이었다고 보고 계십니까?
박 = 좀 어려운 질문이군요. 말씀드리긴 하겠습니다만 경우에 따라서는 그게 제 자랑이 되어버릴지도 모르겠습니다.

선우 = 그래도 상관없습니다. 회사가 창립된 지 벌써 10년이 지났으니

까 조금쯤은 자기 자랑을 해도 괜찮습니다. (웃음)

박 = 2차 대전 전까지는 우리가 공부할 수 있는 여건이 마련되어 있지 않았습니다. 그래서 당시엔 우리 국민 전체가 무지해서 피압박 민족이 되었다든가, 무지하기 때문에 다른 민족보다 가난하다든가 일종의 잠재의식이랄까 그런 부정적인 인식이 전 국민의 사고 밑바탕에 깔려 있었다고 생각합니다.

그런 이유에선지 어떤지는 모르겠지만, 해방 후 가진 돈도 없으면서 우리나라에는 학교가 제일 먼저 들어섰습니다. 그래서 한때는 고등 룸팬(실직자)이라고나 할까 그런 사람들이 많이….

선우 = 고등유민(遊民)이라고 하지요. (웃음)

박 = 대학을 나와도 취직자리가 없어서 빈둥빈둥 놀던 고급 인재들이 남아돌 때도 있었지만, 이러한 일련의 변천 과정을 두고 지금 생각해 보면, 역시 우리에게는 고등교육을 받은 인재 자원이 풍부했다는 점이 무엇보다 강점이 있는 기본적 요인이 되었다고 생각합니다.

선우 = 그 점 저 역시 같은 생각으로 동감합니다.

박 = 제가 이 사업의 책임자가 되어 처음으로 조직을 구성했을 때 매우 큰 힘이 되었던 것이 그러한 고등교육을 받은 사람 중에서 인재를 뽑을 수 있었던 사회적 환경이었습니다.

예를 들면. 이른바 이공계통의 인재를 선출할 수 있었던 조건이라든가 기계나 전기, 토복, 야금 등의 분야에 정통한 인재를 얻을 수 있었던 조건 등입니다. 이러한 인재들이 있었기에 사업의 성취가 가능했던 것이고, 오늘의 성과를 거두는 데 있어 가장 큰 역할을 했다고 저는 믿고 있습니다.

또 하나는 한국의 징병제인 개병제가 오늘날 공업화를 지향하고 있는 경제 각 분야에 크게 도움이 되는 방향으로 작용하고 있다고 생각합니다.

선우 = 그러면, 그 후의 경과에 대해….

박 = 그 후 KISA가 세계은행(IBRD)과 미국의 미국 수출입은행(EXIM)으로부터 돈을 빌려서 공장을 건설하는 사업의 타당성을 조사하게 되었습니다.

그런데 그들의 견해로는, 한국은 아직 그런 막대한 내자를 동원할 만한 능력도 없고, 또 기술도 축적되어 있지 않다. 그러니 제철공장 건설은 시기상조라는 결론을 내렸기 때문에 결국 실패하고 말았습니다.

그런데 아이러니하게도 당시 세계은행이 그 타당성을 인정하여 돈을 빌려준 브라질 CSN 제철소는 아직 200만톤 규모밖에 짓지 못하고 있습니다만, 우리는 올해 550만 톤의 건설을 마무리할 예정입니다. 또한 건설단가만 해도 CSN이 톤당 1,750달러인데 반해 우리는 톤당 396달러로 400달러도 들지 않았습니다. 그래서 세계에서 가장 우수한 재정금융인들이 모여 있는 세계은행조차 그 나라의 정확한 능력을 제대로 측정할 수 없었다는 오류 사례가 되고 말았습니다.

선우 = 아니 그게 아니라 세계은행의 평가는 정상적이었지만 한국만은 예외였다는 말이 아니겠습니까? (웃음)

박 = 어쨌든 저는 2차 대전 이후 가장 빠른 기술혁신을 이루어냈다고 평가되는 일본의 제철 기술을 우리가 다원화하지 않고 단일화하여 도입한 것이 성공의 한 요소가 되었다고 보고 있습니다.

2차례 연기 후 규모를 늘려 무모한 기공식

선우 = 그런데 주저하던 일본이 뒤늦게 참여하게 된 이유는 어디 있었습니까? 일본을 잘 설득한 결과인가요? 아니면…

박 = 1968년에 회사를 세워 놓고 KISA와 1년간에 걸쳐 자금 융통 교섭을 계속해 보았습니다만 분명히 대답해 주는 사람이 한 명도 없었습니다.

할 수 없이 현지 확인이라도 한번 해보기 위해 1969년 3월에 미국으로 건너갔습니다. 그런데 막상 가보니 분위기가 너무 냉담하였습니다. 게다가 당시 국내에는 이 분야를 책으로 공부한 사람은 있어도 실제로 건설에 종사했던 사람은 한 명도 없었습니다, 어쨌든 그 당시 약 40명이 그 계획과 관계하고 있었지만 직접 용광로를 본 적이 있는 사람은 저를 포함해서 겨우 두세 명 정도밖에 없는 실정이었으니까요. (웃음)

하는 수 없이 돌아오는 비행기 안에서 곰곰이 생각해 보니 한심하기 짝이 없었고, 결국 생각해 낸 것이 일본과 같이할 수밖에 없다는 결론이었습니다.

일본과 기술협력은 우선 후지(富士)와 맺고 있었기 때문에, 그 다음은 야와타(八幡)를 끌어들여야 하지만 당시 일본 철강연맹 이사장이었던 이나야마 요시히로(稻山嘉寬) 야와타 사장만 잘 설득한다면 기술협력 문제는 어떻게든 매듭이 지어질 것으로 생각하였습니다.

결국은 돈이 문제였지만, 문득 머리에 떠오른 것이 대일 청구권 자금이었습니다, 대일 청구권 자금은 1965년부터 1975년까지 들어오게 되어 있었는데, 그 해가 1969년이었기 때문에 아직 절반 정도는 남아 있을 것이라고 여겼습니다.

그 돈은 그야말로 한민족의 피의 대가인데 이를 효과적으로 사용해서 뭔가 하나라도 상징적인 결과물을 만들어 놓는 것도 의미 있는 일이 아닐까. 대통령께서도 결코 "노(no)"라고는 말씀하지 않으실 거라는 자신감이 생겼습니다. 이러한 자신감을 전제로 도쿄에 들러 관계자들을 만나 설득을 시도했습니다.

그 무렵 세계은행이 정식으로 "한국에 자금을 제공하기 어렵다!"라고 발표했기 때문에 더욱 본격적으로 대일 접촉을 시작할 수밖에 없었습니다. 설령 KISA와의 계약을 폐기하게 되더라도 백 만톤 규모의 새로운 계획으로 출발하는 것이 더 경제적이라는 결론에 이르게 되었습니다.

수시로 수요 추정을 실시

선우 = 그런데 포항종합제철의 설비 확장계획은 어떻게 되어 있습니까?

박 = 항만, 용수, 철도 등의 부대설비 공사는 1968년도에 시작하였으나 본 공장은 1970년 4월 1일에 착공하였습니다. 따라서 일본과 계약을 맺고 공칭(설계상 수치) 103만톤 규모의 제1기 설비공사를 착공하여 3년 3개월만인 1973년 7월 3일에 완성하고, 이어서 1973년 12월 1일에 260만톤 규모의 제2기 설비공사를 착공하여 1976년 5월 31에 완성했습니다.

공칭(公稱)능력 550만 톤 규모의 제3기 설비는 제2기 설비공사가 완성된 1976년 8월 2일에 착공하여 예정 공기가 올해 말까지로 되어 있습니다만, 우리는 제1, 2기와 마찬가지로 공기를 단축하여 11월에 완성할 예정입니다.

선우 = 그 후의 확장공사 계획은 어떻게 되어 있습니까?

박 = 제4기 설비는 올해 7월 1일에 착공하여 1981년 6월 말까지 완공될 예정입니다.

선우 = 최근 논란의 대상이 되고 있는 제2 제철공장 문제에 대해서는 어떻게 생각하십니까?

박 = 요즘 제2 제철공장 문제에 대해 여러 가지 논의가 일고 있는 것 같은데, 기업들은 수요가 증대되면 당연히 확대 재생산을 추진하게 되고 증산이 필요하면 그동안 축적해 온 경험을 바탕으로 기업을 확장하게 됩니다.

우리 회사에서도 그에 대비하여 KDI(한국개발연구소)와 KIST(한국과학기술원)에 의뢰하여 수요 추정을 계속하고 있고, 회사 안에서도 경영정책실에서 연 1회씩 수요 추정을 시행하고 있습니다.

석유 파동 이후 세계의 철강 경기가 계속 불황이지만 국내 철강 수요는 점차 증대될 것이라는 전망이 우세했는데, 과거에 실시한 국내 수요 추정 자체가 신뢰성이 희박하다는 이유로 KIST와 다시금 용역계약을 맺었습니다.

그렇게 수시 수요 추정을 시행하여 제2공장의 필요성 유무와 설비 용량을 어느 정도로 하면 좋을 것인가? 하는 등의 여러 가지 문제를 검토해 오고 있으며, 또한 이미 제철소를 보유하고 있는 선진국의 설비 용량이나

일 인당 철강 소비량 등도 제철 설비를 확장해가는 하나의 바로미터가 되기 때문에 수시로 비교 검토하고 있습니다.

우리는 일찍부터 제2공장을 건설할 필요가 있다는 생각을 갖고 있었습니다.

또한 그를 위한 기술 축적(해외 연수비 2,200만 달러, 1,360명 기술 양성)을 계속해 왔으며 이미 계획을 완성해 놓고 있습니다.

항간에서는 어느 민간재벌이 건설할 것이라는 보도도 수시로 흘러나오고 있는 모양입니다만 한 개인으로서의 제 생각은 이미 명확히 정립되어 있습니다.

'제2제철'의 민간 건설은 막대한 낭비

선우 = 민간 기업에서 새롭게 제철공장을 건설한다고 하면 완전한 백지상태에서 출발해야 하지 않겠습니까?

박 = 그렇습니다. 그래서 저는 이 문제는 두 가지 측면에서 봐야 한다고 생각하고 있습니다.

하나는 경제적, 기술적, 사업적인 극히 실무적인 측면, 또 하나는 한국은 앞으로도 계속 확대 경제정책을 지향해 갈 것이기 때문에 소위 기초물자에 대한 기본적인 관리를 어느 방향으로 이끌어가야 하는가 하는 정책적인 측면이 있다고 생각합니다.

또 하나의 제철소를 새로 지으려면 여기서 필요한 만큼의 인적 자원을 스카우트해 나가야 하는데 저희가 이것을 담당해서 계획적으로 엔지니어링 단계에서부터 건설, 조업에 이르기까지 단계별로 필요한 사람을 지명해서 보내면 더 효율적인 인력 활용이 가능하겠지만, 만약에 민간 기업이 제철소를 건설한다고 가정할 때 경험이 있는 사람이라곤 우리 회사에 밖에 없으니까 여기서 무작정 사람을 빼 간다고 하면 거기서 일어나는 부작용은 그야말로 상상만 해도 무서운 일입니다. 계획적으로 인적 자원이 배분되지 않으면 공멸할 가능성이 있습니다.

그 외에도 이미 제1공장이 있는 상태에서 제2공장을 설계하는 경우는 상호 보완관계가 크게 작용하기 때문에 절약 요인도 매우 많아지지만, 새로 건설하는 경우는 그 낭비가 막대할 것입니다. 불필요한 설비를 추가해야 하기 때문에 자연, 부담이 가중되는 것입니다. 그렇게 되면 과연 여기서 나오는 제품의 원가에는 어떤 영향을 미칠 것 인가하는 것은 불을 보듯 뻔한 일입니다.

어느 시기에 가서 민영화한다고 해도 제 개인적인 생각으로는 정부 주도형 민영화가 바람직하다고 생각합니다. 국제 경쟁력 측면에서 보더라도 오늘날 영국, 오스트리아, 일본, 이탈리아 등 대부분의 제철소 보유국에서 소수 공장을 통합해 나가는 추세인데, 우리나라처럼 시장이 크지도 않은 나라에서 왜 이런 기초산업을 둘, 셋으로 나눠 추진할 필요가 있느냐는 것입니다. 자유경쟁의 효과를 운운하는 사람이 있을지도 모르지만, 철의 경우는 현재 미국에서도 관리가격제로 되어 있고 기초물자이기 때문에 정부에서 단속하고 있습니다.

1962년이었던 것 같은데, 미국의 유에스 스틸이 철강재 가격을 대폭 인상했는데, 케네디 대통령이 "노"라고 해서 가격 인상을 억제한 적도 있었습니다. 그 후 오랜 기간 계속 이 문제를 놓고 논란이 일었지만 결국 케네디 대통령이 이겨서 철강재 가격 인하가 실현된 것입니다.

지금 민간 기업이 새로 공장을 짓는다고 가정해볼 경우, 우리 공장보다 원가에 있어서 최소한 톤당 50 달러 정도는 더 비쌀 것으로 보입니다. 어떤 특정 재벌이 무제한으로 커진다는 것은 먼 미래를 내다봤을 때 정부의 행정지도가 먹힐 수 있는 범위나 분야와 관련해 여러 가지 문제를 초래할 소지가 크다고 생각합니다.

1981년 6월에는 세계 12위의 제철소로 성장

선우 = 올해 제3기 설비공사가 완공되어 550만톤 생산능력을 갖게 되면 한국은 세계에서 몇 번째의 철 생산국이 될 수 있겠습니까?

박 = 22위에서 23위 정도 될 것 같습니다.

선우 = 850만 톤을 생산하게 되었을 때는 몇 순위 정도나 됩니까?

박 = 단위 제철소의 규모로 보면 12위가 됩니다.

선우 = 이 정도의 성과를 얻기 위해서는 어떤 종류의 집념이 없으면 할 수 없는 일입니다. 박 사장을 '집념의 사나이'라고 부를 수도 있겠습니다만, 그 집념의 사나이로서의 인생관이 있다면 한마디 부탁드립니다.

박 = 저는 지극히 평범한 사람입니다. 하지만 일단 뭔가를 시작하면 끝까지 해내는 성격이라고나 할까요, 일단 시작한 것은 결과가 날 때까지 해내면 다….

선우 = 결국 결판이 나는 셈이겠지요.

박 = 잘 모르겠습니다. 아직 제4기 공사도 남아 있습니다.

『아시아 공론』 1978년 9월호에서

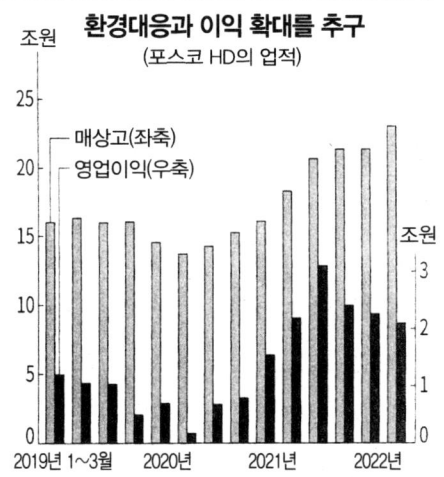

한국 포스코 홀딩스가 환경 부하(負荷)를 억제하는 제철 기술 도입에 20조원(약 2조엔) 이상을 투입한다. 향후 5년간 국내 제철소에 전기 2로를 신설하고 고로에서는 온난화 가스 배출량을 줄이는 신제조법을 도입한다. 해외에서 신설 예정인 고로에도 환경 기술을 응용할 계획이다.

온난화 가스 배출량이 많은 철강 업계에서는 세계적으로 탈탄소 투자의 움직임이 강화되고 있다. 생산비용 효율 면에서 우등생인 포스코도 대응을 서두르고 있지만 단기적으로는 수익에 적지 않은 부담이 된다.

(2022년 9월 23일 자 니혼 케이자이신문)

한국 과학기술연구원(KIST)

- 한국 과학기술 발전의 견인차

이제는 정보통신과 AI 기술의 선진국으로 불리고 있는 우리나라가 과학기술 연구에 본격적으로 나선 것은 1966년이 되고 나서다. 박 대통령이 국가행정의 키를 잡기 시작한 지 겨우 5년밖에 안 된 시기로 1966년 6월 일본과의 국교를 수립한 다음 해였다. 이 시기는 또 한국에서 해묵은 과제였던 식량문제를 일단 해결한 시기이기도 했다.

1966년 2월 설립된 KIST는 센터가 되어야 할 중앙사무소 하나 제대로 마련하기도 어려워 애초 청계천 6가 잡화상가 등을 전세로 전전했다. 겨우 지금의 성북구에 독자적인 본거지를 마련하게 된 것은 3년 이상 지난 1969년이 되어서였다. KIST와 비교되는 일본의 연구소가 이화학연구소(理研:리켄) 이지만 KAIST는 물리·화학 연구에서도 리켄에게 결코 뒤지지 않았다. 풍토나 통풍이 잘되는 점, 게다가 대학과 대학원이 부속된 점 등을 고려하면, 한참 늦게 출발했지만, 리켄보다 앞선 면을 곳곳에서 찾아볼 수 있다. 부속 대학과 대학원은 국내 최고 명문인 서울대학교 못지않게 인기와 실적을 자랑하고 있다. KIST는 기초연구소임과 동시에 과학 상호 간 융합연구에도 힘을 쏟고 있으며, 흔히 볼 수 있는 집단이기주의를 극복하고 상호 소통을 잘 이루어내고 있다. 이 때문에 사회의 당면과제에도 힘을 쏟아 부어 그동안 큰 성과를 거두어 왔다.

주요한 성과를 열거하면 다음과 같다.

- 대학 예비고사 (수능시험)의 자동 채점
- 전화요금 관리 업무
- 국가 예산 작성의 전산화
- 88 서울올림픽 예산 책정 및 감사
- 포스코의 기술 발전과 향상

- 현대중공업에 조선기술 정보 제공

이상과 같이 연구 영역은 다방면에 걸쳐 있었다.

이공계 부문의 첨단 과학기술
반도체 관련 부문
생명과학 부문
정보통신 부문
경영학 부문
인문과학, 의장(意匠)부문
두뇌 과학을 포함한 선진 의료 부문
전기 자동차 관련 부문
이상의 국제과학의 융합부문

국가와 사회의 요청이 있으면 민간부분의 요구에도 응할 것이다.
지난 반세기가 넘는 동안 KIST는 800조원 규모의 부가가치를 창출한 것으로 알려져 있다.

적극적인 투자로 일본을 앞지르다

- 한국 논문 질적인 면에서 세계 10위 -

한국의 과학 연구 역량이 일본을 앞지르고 있다. 일본 문부과학성 연구소가 행한 학술논문에 관한 2022년 조사에서 한국이 논문의 질적인 면에서 일본을 제치고 세계 10위권을 유지한다. 한국은 2000년대부터 10~20년에 걸쳐 과학기술과 인재에 대해 지속적으로 투자에 주력해온 결과 이제 그 결실을 보고 있다. 한국이 톱 10에 든 것은 다른 논문에서 인용되는 횟수가 상위 10%에 드는 '주목 논문'의 숫자다. 문부성의 과학기술 학술 정책연구소에 따르면, 2000년 (전후 3년간의 평균) 에는 14위였다.

이후 2017년까지 12~14위에 머물렀지만, 2019년에 일본을 제치고 10위에 오르게 되었고 최근 2020년에도 그 순위를 유지하고 있다.

한국은 삼성전자 등이 이끄는 반도체와 가전제품에 필수적인 재료공학 등에서 강점을 보유하고 있다.

인재 육성 특성화 계획

성장의 원동력은 적극적인 과학기술에 대한 투자다. 과학기술진흥기구(JST) 태평양 종합연구센터 등에 따르면, 2021년 한국의 연구 개발비는 약 102조원(12조엔), 2011년의 약 50조원에서 2배를 초과하는 액수가 되었다.

미국, 중국, 일본, 독일에 이은 5위로서, 국내총생산(GDP) 대비율은 4.93%로 이스라엘에 이어 세계 2위다. 일본은 GDP 대비 3.59%로 연구개발비는 제자리를 걷고 있다.

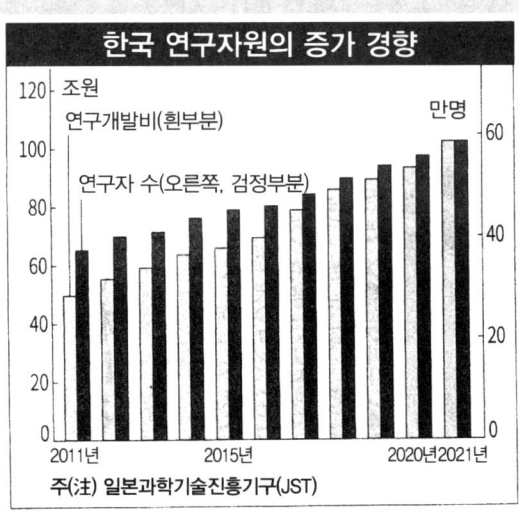

　한국이 과학기술에 주력하기 시작하게 된 계기는 1990년대 후반 아시아의 외환위기에 있다. 심각한 '이공계 기피 현상'을 막기 위해 2000년 '이공계 지원특별법' 등 과학기술진흥을 위한 법률과 계획을 속속 정비했다.

　5년에 한번, 과학기술기본계획의 개정에 맞춰 인재 육성과 지원에 특화된 계획도 만든다.

　연구 활동의 주력은 한국과학기술원 등 국내에 있는 5개의 과학기술 특화 대학이다. 강의 시간이나 학교 안에서는 영어 사용을 의무화하여 세계에 통용되고 활약할 수 있는 연구자를 육성한다. 게다가 미국의 일류대학에 적극적으로 유학생을 내보냈다. 대학원생은 박·석사에 관계없이 경제 부담이 거의 없고 병역면제가 가능한 제도도 활용하여 연구에 몰두하기 좋은 환경을 갖추고 있다.

　유학생을 받아들이는 측면도 중시해왔다. 일본이 2020년 이후, 신종 코로나바이러스의 영향으로 유학생의 감소가 지속된 데 반해, 한국은 2022년에 회복시켜 국제적인 인적교류를 강화해 가고 있다.

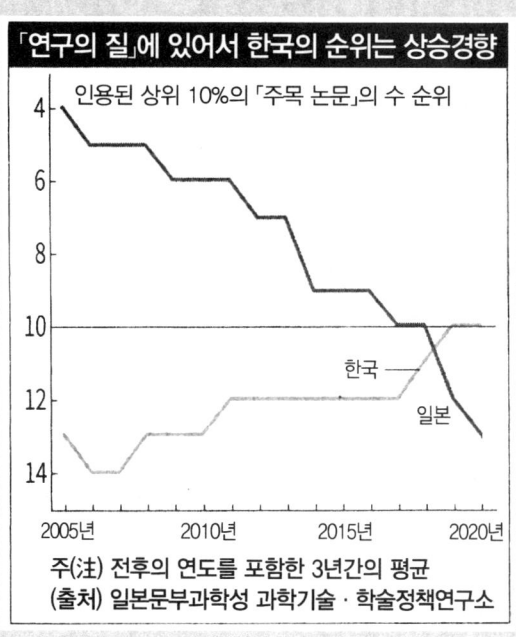

반면에 한국 내에서 자국의 연구력을 낙관하는 목소리는 크지 않다.

노벨상 시즌인 가을이 오면, 연례행사처럼 '아직 자연과학계 수상자 제로(0)'를 걱정하는 목소리가 나온다. JST의 마쯔다 유나(松田侑奈) 연구원은 "한국의 과학기술에 관한 정책보고서에는 상승세를 자랑하기보다는 냉정하게 약점을 분석해 극복하려는 자세가 돋보인다."라고 지적하고 있다.

일본은 어떻게 약점을 분석하고 10~20년 앞을 내다보는 전략을 쓸 것인가? 대학원생에 대한 후한 지원이나 유학생 수용 확대를 향한 전략 입안 등 한국으로부터 배울 수 있는 것이 많이 있다.

마쯔조에 료쓰케

(2023년 11월 7일 자 일본경제신문)

과학기술처 개청식(1967. 4. 21.)

향토예비군 병사에게 국산 무기 성능에 대해 물어보는 박 대통령

구로공단 기술공들을 격려하는 박 대통령(1973. 3. 17.)

포항제철소에서. 왼쪽이 박태준 사장

호남·남해 고속도로 준공식

단양 시멘트 공장 준공식, 정주영 부부와 함께(1964. 6.)

군복을 벗는 전역식에서 만감이 교차되는 듯 눈물짓는 박 대통령 (1963. 8. 30.)

유세 현장에서(1963. 9. 1.)

'일하면서 싸우고, 싸우면서 일하자!'(1968. 5. 11.)

외교에도 적극적이었다

　박정희 대통령은 군사혁명을 일으킨 1961년 5월 16일부터 측근으로부터 시해를 당해 급서하신 1979년 10월 26일까지 18년간을 그야말로 한시도 쉬지 않고 사자처럼 전국 곳곳을 누비며 국민들의 힘을 북돋아 주고 국민을 하나로 뭉치도록 노력했다.
　국민을 하나로 묶어 세우는 것이 시정(施政)의 요체(要諦)이며, 질서의 기본이다. 경제건설에서도 이러한 토대가 마련되면 국민들이 스스로 단결한다는 것을 박 대통령도 잘 알고 있었다.
　나아가 해외에까지 발을 뻗어 국위선양과 더불어 해외로 일하러 나가 있는 젊은이들과 노동자들을 격려하고 고무해주는 것도 잊지 않았다.
　18년간은 그야말로 자신을 돌보지 않고 국익만을 추구한 나날이었다.

　　　　　　　　　　　　　　　　　　　　　　　　　　　김경소

백악관에서 케네디 미 대통령과 함께(1961. 11. 1.)

미국 정부 요인들과 논의하면서도 한발도 물러서지 않았다.(1961. 11. 15.)

빌리 브란트 서베를린시장과 함께한 박정희 대통령(왼쪽, 1964.)

고 케네디 대통령 장례식 조문, 가운데가 드골 프랑스 대통령(1963. 11. 25.)

존슨 미국 대통령 방한 시 만찬회 자리에서(1965. 5. 18.)

베트남 전쟁에 참전, 미국을 도운 이유 등으로 존슨 대통령과는 마음이 잘 맞았다. 청와대에서(1955. 10. 31.)

서독 방문, 뤼브케 대통령이 직접 마중을 나와 박 대통령을 맞아 주었다.(1964. 12. 7.)

독일 방문 때 열병식에서 경례를 하는 박 대통령

서독 대통령 관저에서(1964. 12. 8.)

서독의 쾰른 대성당 방문(1964. 12. 8.)

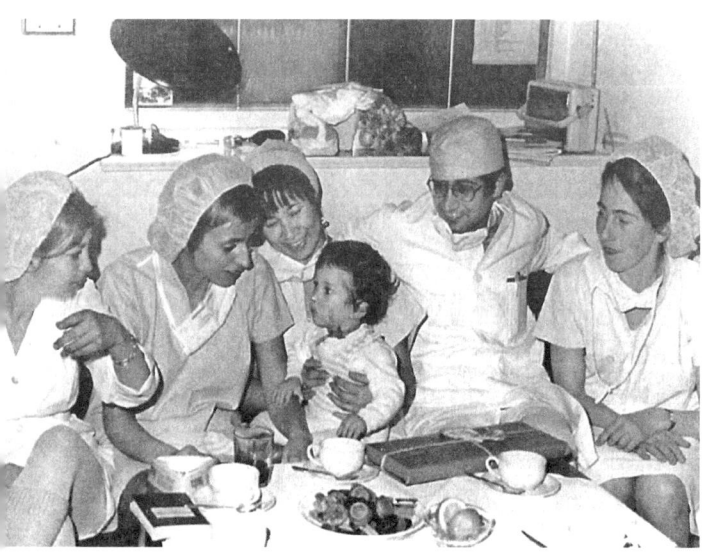
독일 현지에서 일하던 우리나라 간호사와 현지 의료진들

박정희 대통령 일행의 파독 광부 시찰 당시 모습(1964년)

"여러분 이역만리 이국땅에서 고생도 많았을 것입니다. 그러나 서독 정부의 협조 속에서 이렇게 재회하는 것이 감개무량합니다. 조국을 떠나 고생도 많을 것입니다. 서독 정부가 잘 돌봐주는 가운데, 지금 독일에는 여러 나라 노동자들이 와서 일하고 있으나, 그중에서도 우리 한국인 노동자들이 가장 근면하여 많은 칭찬을 받는 것이 기쁩니다.

여러분, 지금 나는 아주 부끄럽고 미안한 마음입니다. 대한민국 대통령으로서 나는 과연 무엇을 했는가? 가슴에 손을 얹혀놓고 반성하고 있습니다. 나에게 조금 더 시간을 주세요. 결코 우리 자손들은 다른 나라에 팔리지 않도록 하겠습니다. 믿어 주세요. 기필코…"

- 1964년 12월 박 대통령 서독 방문 때 파독 광부와 간호사 앞에서 한 연설문.
  세상에서 가장 슬픈 연설문으로 회자된다.

서독 수상 에르하르트와 선물교환

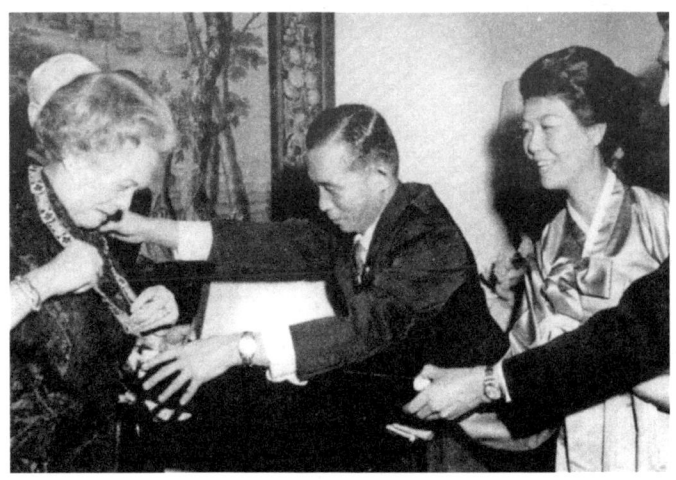

서독 대통령 영부인에게 훈장을 수여(1964. 12. 9.)

육영수 여사는 퍼스트레이디로서 때로는 대통령을 지지하고 때로는 '제1야당'으로서 쓴소리를 할 때도 있었다고 한다.
서독 방문을 끝내고 귀로에 오른 대통령 부부

미국 국빈 방문(1965. 5. 19.)

싱가포르의 리콴유 수상과 함께

방한한 태국 키티카초른 수상을 청와대에서 맞이하다.(1967. 4. 3.)

닉슨 미국 대통령과 함께(1969. 8. 22.)

대통령 별장이 있는 경남 진해 저도 앞바다에서 휴양 중인 박정희 대통령(1967. 7.)

필리핀 마닐라에서 열린 동남아시아 조약 기구회의에 옵서버로 참석한 박정희 대통령(왼쪽에서 세 번째, 1966.)

서울시내에서 열린 지미 카터 대통령 환영 퍼레이드(1979. 6. 30.)

한국을 여행하며 생각하게 된 일

- 벌거숭이 산이 없어진 풍경 -

머리말

　1981년 7월 하순에 필자는 일본대학 상경학부 세키 타다후미(關忠文) 교수와 함께 4박5일 일정으로 대한민국에 출장을 오게 되었다.

　그것은 필자에게 있어 37년 만의 조국 방문이었을 뿐만 아니라 충청남북도나 경상남·북도 등 한국의 농촌지대를 실로 40년 만에 여행해 보는 것이었다.

　그렇다고는 해도 출장 업무가 중첩되어 서울 체류 중 대부분을 투숙했던 호텔에서 지내며, 겨우 고려대학교와 국사편찬위원회를 둘러보고, 고향인 함경남도에서 삼팔선(북위 38도선)을 넘어 대한민국으로 남하한 동향인들의 북청 군민회관(한강 이남 강남구 소재)을 둘러본 후 남대문 시장을 기웃거렸다. 이어 돌아오는 길에 서울에서 경주까지 고속버스를 이용해 울산의 근대 공업시설을 둘러보고 경주 고도를 관광한 것에 불과했다.

　그러나 그곳들에서의 직관적인 인상이 지금까지 내가 품고 있던 고정관념과는 너무나 달랐기에 굳이 펜을 들게 되었다.

　물론 급격한 공업화와 함께 1970년 초반부터 추진해온 농촌 새마을운동에 의한 농촌진흥정책은 한국경제의 질과 양을 크게 바꿔놓았다.

　한국이 거액의 외자를 도입해 외국기업의 국내 유치를 적극적으로 추진하고 있다는 사실은 필자도 잘 알고 있다. 또 그 결과 자연환경이 적지 않게 파괴되고 있다는 것도 뉴스를 통해 알고 있다. (예를 들면, 조선일보 1975.8.22.자)

　그래도 역시 한국의 경제발전을 부정할 수는 없는 것이다. 이 한국경제의 실상에 대한 여러 가지 시각이 지금도 뒤섞여 있지만, 필자도 관점을 달리하여 논리적인 고찰을 해 볼 생각이다.

서울의 도시기능

필자는 서울을 도쿄나 런던을 척도로 삼아 논평할 생각은 없다. 확실히 현재의 서울은 일제 말기 80만 명 안팎이었던 인구가 800수 십만 명으로 불어나 있는 것도 사실이다. 그러나 도쿄나 런던이 과거 광활한 식민지를 거느리고 제국주의 국가로서의 발전을 구가했고, 지금도 근대 산업기술을 구사하며 번영하고 있는 평화 국가의 수도인 반면, 현재의 한국은 사회체제가 전혀 다른 조선민주주의 인민공화국(북한)과 휴전선을 경계로 무력적으로 첨예하게 적대하고 있으며, 서울은 그 수도인 것이다.

그런 면은 차치하고라도 여행자들의 눈에 비치는 현재 서울의 표정은 정적 그 자체였다. 서울의 구 시가지인 종로나 충무로 등에서는 차량의 정체현상도 분명히 볼 수 있었지만, 남산의 지형과 고속도로를 교묘하게 연결하게 하고 교통신호등이 그리 많지 않은 서울의 전체 도시교통기능은 훌륭해 보였다. 식민지 시대의 서울 시가지는 남산과 북악산으로 둘러싸여 있었지만, 현재의 서울은 남산을 중심으로 사방으로 뻗어 있다. 1개밖에 없었던 한강 철교는 이미 14개가 되었고, 지금도 새로운 다리를 건설 중이었다. 지하철까지 둘러볼 시간적 여유가 없었지만, 이러한 교통기능의 발달을 기반으로 북쪽은 김포보다 훨씬 북쪽에서부터, 남쪽은 한강 훨씬 남쪽에 이르기까지 고층 아파트군이 늘어서 도시의 전기화는 물론 상하수도의 설비도 충실한 것 같았다.

1974년부터 시작된 도시 새마을운동은 이웃 주민 상호 간의 협력 정신을 높였고 그 결과, 지역 주민 상호 간의 생활 질서를 개선한 것 같았다.

필자는 이른 아침, 남산 주변을 거닐어 보았는데, 인근 주민들이 서로 반갑게 인사를 나누고 있는 흐뭇한 광경을 곳곳에서 볼 수 있었다. 이웃 주민들 간에 친밀감이 희박했던 일제 식민지 시대에는 도저히 상상할 수 없었던 풍경이다.

하물며 지금의 서울에는 38선 이북에서 피난 내려온 사람들끼리만 사는 것도 아니다.

북청 군민회관에 들른 기회에 필자는 고향의 상차서(上車書) 공립 보통학교(초등학교) 동창생들과도 40여 년 만에 만나볼 수 있었지만, 지금의 그들은 저마다 즐겁게 생활하고 있는 것 같았다. 아마도 그들 대부분은 그야말로 무일푼으로 제2차 세계대전 이후 서울에 정착하기 시작했을 것이다.

보통학교 시절 친하게 지냈던 K군의 집에도 들러 보았는데 산뜻한 설비가 빈틈없이 잘 갖추어진 근대 주택이었다.

농촌 풍경

오사카 이타미(伊丹) 공항을 이륙한 비행기는 40분도 안 돼서 경상남도 상공에 이르러 서울을 향해 북상했는데, 수목이 무성하게 우거진 산야가 눈 아래 펼쳐지는 풍경에 먼저 놀라지 않을 수 없었다. 두말할 것도 없이 이는 1970년부터 시작된 농촌 새마을운동의 성과다.

주지하다시피 식민지 세대에는 '민둥산'이 남한 일원의 숙명적인 대명사처럼 회자되고 있었다. 물론 그 원인에 대해서도 여러 가지 견해가 있다.

그 대표적인 것을 들어보면, "이조 초기인 15세기, 호랑이의 출몰을 막기 위해 나무를 베게 했다는 대상으로 일컬어지는 깊은 산들이, 왕조 말기에는 대머리나 다름없게 되고 말았다. (아사히신문. 1976. 9. 26. 자 석간)

혹은 또 "조선의 산은 민둥산으로 유명합니다. 도대체 조선의 산은 왜 저렇게 대머리가 되었는가?" 고 물어보면, 이건 그다지 오래된 일이 아니다, 최근 한 두 세기 사이에 일어난 일이라고 합니다. 그 원인은 온돌에 불 때우는 장작을 산에서 함부로 베어왔기 때문입니다. 그러나 저는 만주(중국 동북 지방)의 간도에서 조선인들이 늘 들에 불을 놓고 그것이 높은 산 위까지 옮겨붙어 타는 것을 보고 여기에 조선 산이 헐벗게 된 하나의 이유가 있다고 알게 된 느낌이 들었습니다."(이시바시 단잔(石橋湛山) 著, 『만선(滿鮮)산업의 인상』 도쿄, 1941년, 19페이지)

이조 초기 극히 제한된 지역에서는 호랑이 출몰을 방지가 수목 벌채의 직접적인 계기가 되기도 했겠지만, 그러나 주된 원인은 역시 온돌에 장작을 태워 온기를 얻는 생활 습속과 화전 개발에 있다고 해야 할 것이다. 그

중에서도 화전개간을 계속하며 살아가는 반 유랑생활 생활 습관이 가장 큰 원인이 되었을 것이다.

　주지하다시피 화전에 관한 기록은 이미 신라 진흥왕 시대(540년~)의 역사서에 남아 있고, 고려조(918~1392)는 토지 개간을 장려하기 위해 화전민에게 면세 조치까지 취했으나, 이조에서는 성종 7년(1476)부터 역으로 화전민에게 세금을 물리게 되었다. 계속되는 부역의 증가를 피해 산속에서 화전 경작에 종사하는 사람들이 급증했기 때문일 것이다.

　15세기 중엽 이후라고 하면, 이성계가 조선왕조를 일으킨 지 채 한 세기도 지나지 않은 시기로서, 선국적인 양전제(量田制:세금 부과를 위한 토지조사)의 실시(1396년), 결부제(結負制:조세를 위해 수확량과 토지 면적을 결부시킨 토지조사) 제정, 공법(貢法:조세제도), 상정소(詳定所:법, 제도 마련을 위한 임시기구)의 설치, 그리고 양전법을 반포하여 전분(田分) 6등, 년분(年分) 6등제도 (논밭은 지질의 차에 따라 6등급으로 나누고, 각 해의 작황은 上上, 上中, 上下, 中上, 中中, 中下, 下上, 下中, 下下의 9등급으로 분류하는 제도)를 정하는(1444년) 등 전 왕조 고려시대 이래 궁핍화된 왕조 정권의 재정을 복구하기 위해 필사적이었던 시기였다. 아마도 이 같은 왕조 정권으로부터의 가혹한 수탈을 피하려고 산속에 들어가 화전 경작에 종사하는 자들이 속출했을 것이다. 그래서 왕조 정권은 1729년 화전 자체를 금지하기에 이르렀다. 그러나 필자에게는 그 금령으로 인해 조선에 화전이 완전히 없어졌다고 보지는 않는다. 사회 현상의 변화는 명령이나 강제에 의한 것이 아니라 당시 사회사상(事象) 자체가 내포하고 있는 요인에 의해 존속이나 소멸이 결정되는 것이다.

　그런데 조선의 순 화전민 호(戶)수는 1926년에 34,316호에 불과했던 것이 1934년(昭和 9년)에는 81,287호로, 또 소작을 겸하고 있는 화전민 호수는 같은 기간에 59,683호에서 189,951호로 격증했다. 불과 9년 사이에 관제 통계(『조선총독부 통계 연보』)에서도 전자는 2.4배, 후자는 무려 3.2배 가까이 증가한 것이다. 1941년(昭和 16년)까지는 전자가 59,339호로 줄어든 반면, 후자는 210,523호로 해를 거듭해 증가하고 있다. 아마도 전쟁이 확산되고 격화됨에 따른 농업 노동력의 감소로 인해 순 화전민도 소작을 강요당했기 때문일 것이다. 어쨌든 1926년부터 1941년까지 15년 동안 조선의 화전 경작만이 3배 가까이 증가한 것만은 사실이다. 따라서 조선의 민둥산이 급증한 것도 식민지 시대에서 벌어진 일이었을 것이다. 당시 조선 농민들이 즐겨 부르던 '아리랑' 구절이 그 참상을 잘 말해주고 있는 듯하다.

**문전(門前) 옥토는 다 어디로 가고
나는야 만주의 광야로 떠나간다**

오랜 기간에 걸쳐 온돌에 장작불을 피워 몸을 녹여오던 생활관습과, 산야를 불태워 화전으로 만들던 반 유랑생활을 함께 개선하여 연탄과 전기화로 갈아엎고 동시에 나무심기를 장려한 시책은 긍정적으로 보아야 한다,

귀로에 이용한 서울~경주간 고속버스는 정말 편안했다. 놀랍게도 고속도로 자체도 정비가 잘 되어 있었지만 오가는 차량도 대부분 국산차였다. 게다가 연도의 농촌에는 텔레비전 안테나가 숲을 이루며 서 있었고 근대적인 시멘트 기와집의 컬러풀한 주택이 즐비하게 늘어서 있었다. 무엇보다도 전답의 논두렁이 거의 직선으로 변모된 것에는 적잖이 감동했다. 이 농촌의 변모도 농촌 새마을운동의 결과로서 그 성과는 일본에도 때맞춰 잘 소개되고 있다.

조금 길어지겠지만, 예를 들면 쾌청한 서울 김포공항을 향해 기수가 내려가기 시작하면 우선 시야에 닥쳐 들어오는 것은 완전히 농지 정리된 논의 광활함이며, 그린이나 블루, 오렌지색으로 칠해진 시멘트 기와집의 농가 촌락이다.

더구나 이는 고속도로나 철도 간선에서만 볼 수 있는 '쇼윈도 적 전시촌'이 아닌 것이다. 농가의 초가지붕은 이미 2년 전에 사라졌다고 한다. 그러고 보니 물동이를 머리에 이고 나르는 여인들은 한반도의 가난한 농촌 생활상을 그대로 보여주는 모습이었지만, 지난 2~3년 동안의 간이수도 보급으로 인해 그런 모습도 찾아볼 수 없게 되었다. TV 안테나가 숲처럼 늘어선 농촌 풍경은 전기의 보급상황을 잘 말해준다. 농촌 마을과 마

을을 연결하는 지방도로가 농지 정리된 논 사이를 곧게 뻗어나가고 있다.

　새로 고친 집의 방 배치와 간이수도 설치는 주부들에게도 발언 기회를 주게 되어 1971년에는 250만 농가의 20%에 불과했던 전기 보급률은 이젠 외딴섬을 제외하면 지난해 연말에는 96%에 이르렀다고 한다. 또 추운 겨울 날씨에 한 데에서 개최해 오던 모임도 집회 장소 건설의 필요성이 대두됨에 따라 마을회관이 생기게 되었고, 생활협동조합의 형태로 부녀회가 협동 구매매점을 운영하는가 하면 공동 취사 설비까지 등장하기 시작했다.

　농가 수입도 1976년부터는 도시 근로 가정의 수입을 웃돌게 되었다.

(일본경제신문, 1978. 9. 14. 자)

　이러한 신문기사가 보도된 지도 벌써 3년이 경과했다.

　그러나 필자는 이러한 보도에도 불구하고 한국 농촌의 모든 초가집이 완전히 없어지고 간이수도와 전기 공급이 100% 실현되며, 모든 농가가 TV와 전기세탁기를 구입하고, 지방도로가 전부 정비되어 모든 마을에 집회소와 마을회관이 들어서는 데 이어 모든 농가의 수입이 계속 도시 근로자 가정의 소득을 능가하고 있다고는 생각하지 않는다.

　비록 그 고속도로나 철도 연변의 농촌이 '쇼윈도 식 전시 촌'이었다고 하더라도 한국 정부가 추진하고 있는 농촌새마을 운동의 궁극적인 이상 목표가 그것이었다는 것을 확인한 것만으로도 필자는 기쁘기 그지없었다.

　그뿐만이 아니다. 한국의 농촌 새마을운동은 시작된 지 불과 10년밖에 되지 않았다. 그런데도 한국은 이미 70년대 후반부터 쌀의 자급자족이 가능해졌다.

　널리 알려졌던 바와 같이 70년대 전반까지도 한국은 쌀의 자급자족을 하지 못하고 연간 1억 달러나 들여 미국에서 캘리포니아 산 쌀을 수입하고 있었다.

　어쨌든 식민지 시대의 저 땅 위를 기어가는 듯 낮고 허름한 초가집들이 처마를 맞댄 채 길게 늘어서고, 굽이치는 논두렁을 숙명처럼 여기며 긴

세월을 견뎌온 전 근대적인 한국의 농촌 풍경이 일소되고 있는 것만은 사실이다.

고려대학교의 위용

고려대학교는 1905년 옛 한국 왕실의 신임이 두터워 재정을 총괄하던 내장원경(內藏院卿) 이용익에 의해 사립 보성전문학교로 창립되었다.

따라서 고려대학교는 이미 창립 75주년을 맞이한 학교로서 민족근대화에 따른 고뇌기와 걸음을 같이해온 셈이다.

현재 고려대학교의 드넓은 본교 캠퍼스는 서울 동대문 밖 성북구의 남쪽에 면한 언덕의 중턱으로 뻗어 있고, 그 건축물의 대부분이 종래의 전통적인 화강암 구조로 통일되어 있어 그 위용은 실로 대단한 것이었다.

그 고려대학교는 일제 강점기의 거듭된 탄압과 그로 인한 각종 애로에도 불구하고, 인촌 김성수(1891~1955)의 노력으로 기초가 세워져 지금은 한국 제일의 사립 명문대학교이다. 고려대학교가 재학생들을 부모의 마음으로 자상하게 지도해 왔기 때문에 졸업하고 난 후에도 6만여 명의 교우가 일치단결하여 서울 시내에 교우회관(종로구)을 구입, 모교의 교육활동이나 장학사업을 후원하고 있는 것일 터이다.

《아시아》(일본 잡지) 1981. 12월호에서)

맺는말

국사편찬위원회가 보내준 승용차는 순식간에 호텔과 가까운 예장동의 편찬위원회에 도착했다. 필자와 최영희 위원장은 필자가 그의 짧은 논문을 번역하여 일본의 정기간행물에 게재했던 인연이 있을 뿐, 서로가 생판 첫 만남이었다. 그러나 구면처럼 친근하게 대해 주셨을 뿐만 아니라 위원회 내 편찬 작업실에까지 안내해 주셔서 적잖이 감동하였다.

서로 같은 민족끼리 희망하는 바도 같았다고는 하지만, 외국대학 관계자들에게 방학기 중에 대학을 구석구석까지 견학시키는 사실이나, 사적(史籍) 편찬 작업까지 자진해서 상세하게 펼쳐 보여주는 모습에 필자는 진리를 추구하는 연구자의 자신감에 찬 기백을 틈 사이로 들여다본 듯한 느낌이 들었다.

돌아오는 길에, 저녁 무렵이었지만 필자 일행은 울산의 공업시설도 내려다보았다. 앞에서도 거듭 기술한 바와 같이 한국경제에 대한 필자의 견해는 원고를 바꾸어 다시 한번 언급할 생각이다. 다만, 필자는 그 웅장한 설비들이 민중의 생활필수품만을 생산할 수 있는 평화로운 날들이 우리 민족을 위해 하루빨리 도래하기를 기원해 마지않았다는 사실만을 밝혀둔다.

끝으로 이 글의 집필 취지와는 직접 관련이 없지만, 서울 체류 중 현지 신문 기사 중에 "정부는 동성동본끼리도 결혼할 수 있도록 민법 개정을 검토 중 (서울신문, 1981. 7. 28 자 등) 이라는 기사를 읽었을 때는 정말 기쁘기 이를 데 없었다. 사사로운 일이라 송구스러우나, 필자는 이 한국 민법상 동성동본끼리는 결혼할 수 없다는 제도에 반대해온 입장에서 이미 십여 편의 논문을 발표해왔기 때문이다.

어쨌든 이번 한국행은 필자에게 참으로 뜻깊은 출장이었다.

이병수(李丙洙. 일본대학 교수, 1981.8.10.)

후기

　이병수 선생은 예전에 내가 학교에 다니던 시기에 일본대학의 교수직에 계신 분이였다. 직접 만나 뵐 기회는 없었지만, 동포 선배님이 교수로 계셨다는 사실이 뭔가 자랑스러웠다. 나는 선생님의 전공과는 다른 학부를 다녔지만, 한국 민법에도 좀 관심이 있었기 때문에 선생님의 논문을 읽었던 기억이 난다.

　이 글은 일본 월간잡지 『아시아』 1981년 12월호에 선생님이 기고하였던 것이다. 지면 관계상 어쩔 수 없이 조금 할애하긴 했으나, 박 대통령이 서거하신 후, 5·18광주폭동이 있은 지 1년여가 지난 우리 한국 사회의 한 단면을 잘 보여주고 있어 여기에 싣는다.

　선생은 1920년 전후 북한의 함경남도에서 태어나셨다. 현재까지 건재하시다면. 이미 백세를 넘겼는지도 모른다. 혹시 이병수 선생님의 연락처를 아시는 분이 계시면 전망사(展望社)로 알려주시기를 바랍니다.

전망사 주소
우)110-000
日本 東京都 文京區 小石川 3-1-7 Echo Bld. 202
Tel. 03)3814-1997, Fax. 03)3814-3063

박 대통령 영결식(1979. 11. 3.)

조선일보(1979년 10월 28일 자)

〈뉴스위크〉 표지에 실린 박정희 대통령의 서거소식

▶부록◀

박 대통령의 정치 신념과 인품

국민의 열등감을 날려 보내줄 실천이론가

아직도 일본에서는 이웃나라 국가원수의 이미지가 자칫 검은 그림자를 드리운 음산한 인상 속에 갇혀있어 객관적인 평가에서도 멀리 밀려나고 있는 듯하다.

군벌정치 끝에 패전이라는 일대 시련을 겪은 일본인들에게는 무리가 아닐 수도 있을 것이다. 일본에는 지난 36년간의 식민 지배에 대한 속죄 의식을 안고 있어 한국의 분단이 고정화된 현상에 대해서는 적잖이 꺼림 칙한 감정을 품고 있다고 할 수 있다. 따라서 북한 정권과 철저히 대결해 나가려는 박 정권에 대해서는 어쨌든 싸늘한 시선으로 바라보기 쉬운 것이다. 그러나 한국의 현 정세를 보면, 한쪽에선 반(反)박정희 체제 세력 등의 박 정권을 향한 따가운 비판이 있는 것은 물론이겠으나, 박 대통령 지지의 목소리 또한 상당한 것이다.

"역대 대통령들이 전혀 건드리지도 못한 국토개발에 힘써 근대화를 촉진한 지도력"이라든가, "북한의 침략 위협에 맞서 아시아태평양각료회의(ASPAC)의 결성에 성공하고, 베트남 파병, 한일 국교정상화를 실현해 나가며 국위선양에 열정을 보였다."고 하는 칭송의 목소리도 절대 적지 않다.

박 대통령의 시책은 모두 민족주의를 고양하려는 의도를 띠고 있다. '중단 없는 전진'을 계속해가면, 이윽고 경제적으로 안정된 번영사회의 도래도 약속받을 수 있고, 한국 주도하에 남북통일의 길도 열릴 것이라는 '일면 건설, 일면 국방'의 부국강병과 근대화작업에 대해 불타오르는 듯한 박 대통령의 호소는, 오랜 기간 지속되어온 한국 국민의 열등감을 씻어 버릴 수 있는 자극적인 실천론이기도 했다. 박 대통령의 내셔널리즘은 구체적인 경제성장을 가져온 실증론이라는 인상이 수많은 우리 국민의 의식에 배어있는 것도 사실이다.

1971년 4월의 대선에서는 긴장 완화를 호소하는 김대중 신민당 후보의 거센 추격으로 상당히 힘든 장면이 연출되기도 했고, 시종 정책 논쟁에서 수세에 몰리기도 했지만, 결국 10년간의 경제성장 시책의 실적이 먹혀들었다.

장기 집권은 부정부패의 온상이라고 모질게 배척당하는 한국의 정치적 풍토 아래에서 박 대통령을 반대하는 측에 94만여 표 차이를 두고 3선을 이뤄낸 배경은 절대 간단치 않지만, 이를 언급하기 전에 먼저 그 이유를 알 수 있는 열쇠가 있다. 철저한 박 혐오증과 박정희 팬 사이의 극한 대립 와중에서 10년 동안이나 정권을 담당해온 박 대통령이란 인물이 어떤 감각의 소유자이며, 어떤 정책적 발상을 하고 있는지를 알아보는 것이다.

그것이 아마도 우리 역사상 최초로 장기 집권한 정권 탄생의 비밀을 푸는 열쇠가 될 것이다. 그러려면 박 대통령의 성장기부터 시작해야 한다.

한국 역사상 최초의 장기 집권 정권 탄생의 비밀

박정희는 1917년 9월 30일 한국의 중부 경상북도 구미시 구미면 상모리 농가의 다섯째 아들로 태어났다. 드문드문 90여 호가 늘어선 가난한 농촌, 동쪽으로 태백산맥이 이어져 금오산이 상모리 마을을 품에 안듯이 솟아 있고, 낙동강의 물살이 저편에서 햇살에 반짝이고 있다.

어려서부터 박정희는 유난히 총명했다고 한다. 예민했던 박 소년의 마음을 울적하게 만든 것은 박씨 집안의 지독한 가난과 마을을 뒤덮고 있는 극빈 상황이었다. 밤이나 감자로 배고픔을 견디고 가뭄이 닥치면 산나물과 칡뿌리까지 밥상에 올렸다.

"우리 집은 왜 이렇게 가난할까?" 박 소년이 난생처음 품었던 의문이었다. 그는 가난을 미워하고 좀처럼 웃지 않는 소년이 되어 있었다.

여섯 살에 6km 떨어진 구미공립보통학교에 입학했다. 등굣길에서도 박 소년은 보통 애들과는 조금 달랐다고 한다, 다른 아이들처럼 짝을 지어 통학하는 것을 싫어하고 대개는 혼자 묵묵히 걸었다. 성적은 우수하고 항상 급장이었지만, 어딘가 무서운 데가 있는 급장으로서 결코 동급생들로부터 인기 있는 급장은 아니었다. 급우들이 조금이라도 떠들어대거나 하면 "재미없다! 시끄럽다!"라는 식으로 어른스럽게 꾸짖었다고 한다.

교무실에선 선생들 간에 "박은 어른스러운 데가 있어 귀염성은 없지만 당차고 의젓한 아이"라는 평가가 있었다고 한다.

지금도 박정희의 졸업 당시 성적표가 구미공립보통학교에 보존되어있다.

체조와 가사 재봉이 90점인 이외 수신(修身), 국어(당시는 식민지여서 일본어가 국어로 불렸다), 조선어, 산수, 국사, 지리, 이과, 직업, 도화와 창가 등 나머지 전 과목이 판박이로 다 만점이다. 더구나 품행 갑(甲), 병결석(病缺) 3으로 되어 있는 성적표에서 받는 이미지는 자못 고지식한 수재형이라는 것이다. 엄친 박성빈은 박 대통령을 보면 눈을 가늘게 뜨고 "이 아이만은 어떻게 해서든 대성(大成)시키고 싶다!"라는 말을 자주하곤 했다고 한다.

구미 공립 보통학교를 졸업한 박 소년은 명문이던 대구사범을 온전히 자신의 실력만으로 돌파해서 입학했다. 일제 강점기의 사범학교이다.

당시의 대구사범은 일본인이 80% 이상, 한국인은 20%도 채 안 될 정도로 상당히 우수하지 않으면 합격할 수 없었다, 면서기에라도 채용되기만 하면, "관직에 나가게 됐다!"라고 난리가 날 정도의 상모리 마을이었,

박 소년의 합격 소식에 "이 마을에서도 대단한 놈이 나왔네!"라며 난리통이 벌어졌다고 한다. 박씨 집안으로서는 관비 장학생으로 일본인계 학교에라도 입학시키지 않는 한 상급학교에 진학시킬 경제력이 없었기 때문이기도 했다.

당시엔 조선인 학생끼리도 조선말을 쓰지 못했다. 성적이 뛰어나고 군사훈련에서는 나팔수로 활약하기도 했지만, 조선인이기 때문에 받는 차별에 강한 분노를 느끼고 점점 반일의 마음이 싹트기 시작했다. 동료들 사이에 숨어 몰래 조선 역사를 탐독했다. 박정희의 조선시대에 대한 날카로운 비판은 이 시기부터 몰두했던 독서에 힘입은 바 컸다.

21세에 대구사범을 졸업하고 곧바로 경상북도 문경 공립 보통학교의 훈도가 되었다. 월급은 35엔이었다. 하숙비를 제하고 남은 돈은 모두 고향 집에 송금했다. 제삿날에는 아무리 소액이라도 빠짐없이 별도의 제사 비용을 보내드렸다 한다.

부모님들이 "효자를 두었구나!"라며 눈물을 머금곤 했던 것은 말할 필요도 없다.

커다란 전기가 되었던 중국대륙으로의 웅비(雄飛)

교사 시절에는 평범한 선생이었다. 그러나 박 대통령 자신에게는 일개 시골 교사가 그리 유쾌할 리가 없었다. 2년간 교사 생활을 하는 동안, 폐쇄되고 가난해 빠진 시골 마을에서 그대로 묻혀가는 초조함을 느끼지 않을 수 없게 되었다.

당시 뜻있는 청년들은 일본이나 만주로 꿈을 펼치기 위해 속속 시골을 떠나가고 있었다. 박정희가 장래의 진로를 고민하고 있을 때, 어느 날 그의 하숙집으로 대구사범 시절의 선배가 찾아왔다. 그는 만주군 대위 복장을 하고 있었다.

"박군! 자네는 이런 시골구석에 처박혀 있으면 안 되네! 모교에 대한 의무는 3년이면 끝나는 것이야, 어떤가? 한번 중국을 향해 힘차게 날아올라 볼 생각은 없는가?"라며 뜨거운 마음으로 권고했다. 그날 밤이 전기가 되었다.

박정희는 3년간의 훈도생활을 깨끗이 청산하고 신천지를 찾아 만주 지방의 신경(新京)으로 떠나게 되었다. 군인의 길을 택하여 만주 군관학교에 진학했다.

1940년의 일이다.

2년 후, 소위 '은사 은시계(恩賜 銀時計)' 그룹으로 수상 후 졸업한 박정희는 곧이어 일본 육군사관학교에 전학했다. 1944년, 3등 성적으로 졸업한 박정희 소위는 열하(熱河)성에 있던 만주군 보병 제8연대에 배속되었다. 주요한 임무는 중공군 팔로군 게릴라부대의 토벌이었다.

그가 중위로 진급한 직후에 일본은 패전했다. 박정희는 군복을 벗어 던지고 피난민을 가장하여 북경으로 향했다. 그는 곧 북경지구 광복군 제1중대장이 되었다. 1년 후인 1946년 5월 그는 귀국선에 올라 7년 만에 고향 땅을 밟게 되었다.

그해 9월 남조선 국방경비대 사관학교에 간부후보생 제2기로 입교했다. 현재의 육군사관학교 전신이다. 훈련과정을 마친 박 후보생은 대한민국 육군 대위로 임명되어 사관학교 교관으로서의 첫걸음을 내딛게 된다.

이윽고 한국 정부가 수립되어 박 대위는 육군 본부 정보국에 근무하게 되어 소령으로 진급하여 작전정보실장으로서 북한 정보 분석 임무를 수행했다.

한국 전쟁 발발 전날 밤, 육군 본부와 미 군사고문단에 제출된 박정희 실장의 적정 판단서가 북한의 남침을 예고하고 있었던 것은 유명한 이야기다.

그는 1950년 3월부터 6월 사이에는 반드시 북한의 전면 남침이 있을 것이라고 예고한 것이다. 이 판단서는 틀림없이 미 군사고문단을 통해 동경에 있던 맥아더 사령부에도 보고되었을 것이다. 동 사령부가 꽤 낙관적인 정보를 흘리고 있었던 것을 보면, 박정희의 정세분석은 누군가의 손에서 그대로 무시되었을 것 같다. 그러나 실제로는 박정희가 분석한 대로 6월 25일에 38선은 불을 뿜게 된 것이다.

강렬한 개성으로 기선을 제압

한국 전쟁 중에는 일선부대를 전전했고, 전후에는 지리산 일대에 출몰하던 패전 게릴라 토벌작전에서 활약했다. 이윽고 육군 준장으로 진급하여 제5사단장, 제7사단장을 역임했다.

당시 한국군의 부정부패는 넘칠 정도로 횡행했다. 군수물자의 부정 유출, 횡령이 빈번히 자행되었다. 어느 날 각 사단의 모포 검사가 행해졌다. 모든 보고서가 모포와 군인의 숫자가 들어 맞혀져 있었으나, 박정희 사단장만은 " 아무리 철저히 파헤친다 해도 정확한 실 숫자는 확인하기 어렵다"라고 보고했다.

부서를 옮길 때도 부하 참모들이 바치는 전별금은 단호히 사절했다. '청렴결백'이 박정희에 대한 주된 평가였다.

1960년 이승만 정권을 무너뜨린 학생혁명 당시, 폭도로 변한 부산의 데모를 만세삼창을 선창함으로써 진압한 일화에서는 실로 박정희다운 일면이 드러나 보인다. 군중과 군대가 대치하고 있는 중간을 파고 들어가 갑자기 "대한민국 만세!"를 외쳤다. 어안이 벙벙해진 군중들은 만세삼창을 따라 부를 수밖에 없었다. 부산지구 계엄사령관으로서 강경 진압도 할 수 있었으나. 어디까지나 더 큰 혼란을 피하려고 군중들의 의표를 찌르는 '진압' 작전에 나선 것이다. 당시 이승만 대통령은 4선을 이루기 위해 60만 국군의 표밭에 압력을 가했다. 군 상층부는 전적으로 그런 명령에 따라 움직였다. 군의 정치적 중립은 상실되었다. 부산의 육군 군수기지 사령관이었던 박 소장은 송요찬 육군 참모총장에게 사임을 권고하는 편지를 보냈다.

그에 격노한 송 총장은 박정희의 축출을 획책했으나, 때마침 김종필 소령 등 육사 8기생을 중심으로 한 청년 장교들의 숙군 운동이 확산되자 더 큰 사태를 우려한 송 총장은 사임했다. 김종필 중령은 박정희가 작전정보실장 시절, 같은 방에서 북한반장 직을 맡았었고, 박 소장의 조카딸을 처로 둔 사이였다.

숙군 운동의 배후에 박 소장이 버티고 있던 것은 이젠 명백한 사실이 되었다.

김종필 등 숙군 파 장교 16명이 체포되고, 박 소장은 제2군 부사령관으로 좌천되었다. 박정희 축출의 개시는 결국 박 소장을 보안심사위원회에 회부하는 것이었다. 박 소장의 예편이 이미 정해졌다는 것은 두말할 필요도 없다.

1961년 5월 하순쯤까지는 예편 발령이 날 예정이었으나, 박 소장은 육군 본부 안에 있던 전 부하들로부터 일일이 상세한 연락을 받고 사전에 돌아가는 모든 상황을 파악하고 있었다.

예비역 편입을 받아들여 퇴역하고 말 것인가 아니면 숙군의 이상을 관철시키며 궐기할 것인가, 박정희를 둘러싼 숙군파는 마침내 중대한 결의를 하기에 이르렀다. 군사 쿠데타에 의한 정권 장악이었다.

이상이 박정희가 출생한 후 군인시대를 살아온 이른바 그의 이력서이다.

여기서 볼 수 있는 특징은 강렬한 개성과 정의감과 넘치는 자부심이며. 선량의식에서 오는 사명감의 일면이고 냉철한 판단과 기선을 제압하는 뛰어난 결단력이다.

정의감과 사명감이 대치한 고뇌의 갈림길

정의감과 사명감의 측면이 상충하는 시기가 적어도 두 차례 있었다. 모두가 정권의 정점에서 내려오느냐 그대로 지속할 수 있는가 하는 운명의 갈림길이다.

우선, 그 첫 번째는 민정이양이냐 군정연장이냐의 갈림길이었다. 박정희의 대통령 출마에 대한 옳고 그름이 초점이 된 1963년의 동요였다.

1961년 5월의 군사 쿠데타 당시 박정희가 국민 앞에서 맹세한 혁명공약 중에 '우리들의 과업이 성취되면 언제든지 참신하고 양심적인 정치가들에게 정권을 이양하고 우리들은 본래의 임무로 복귀할 준비를 갖춘다' 라며 원대복귀의 방침을 명시하고 있었다. 같은 해 8월, 박 의장은 정권의 이양 시기는 1963년 여름으로 예정하고 있다면서 그해 3월까지 신헌법을 제정하고 5월에는 총선거를 실시한다는 민정이양(民政移讓) 일정을 발표했다.

같은 해 가을, 미국을 방문한 박 의장은 케네디 대통령에게도 민정이양을 약속했다. 전(全) 미국 기자클럽에서의 회견에서도 이 같은 서약을 되풀이하고 있었다. 다음 해인 1962년의 신년 연두연설에서도 되풀이했다.

민정이양은 그의 강한 신념으로 보였다. 그럼에도 불구하고 1962년 여름경부터 박 의장의 신념에 변화가 일기 시작했다.

"일단 정치에 몸을 담갔던 사람으로 군의 순수성을 유지하는 의미에서라도 다시 군에 되돌아간다는 것은 생각할 수 없는 일이다" 고 언급했던 것이다.

그래서 같은 해 12월 27일에 열린 기자회견에서 민정 참가를 강조하고 대통령 출마를 확실히 했다. 혁명공약을 짓밟아 버린 것이다.

그러나 혁명 주체세력 간의 권력 투쟁이 표면화되고 반 김종필 라인의 하극상 같은 압력이 격화되었다. 이런 군정 내부의 움직임이 충격적인 것이었으나. 박 의장은 1963년 2월 "모든 정당, 정치가가 9개 항의 조건을 받아들인다면, 민정에 참가하지 않겠다!"라며 다시 대통령 불출마 성명을 내보냈다.

"군사 쿠데타를 인정하고, 정치적 보복 조치는 취하지 않겠다는 요구를 집어넣는다면,…" 이라는 조건부였다.

김종필은 쫓겨나듯 해외로 나갔다. 일단은 반김(反金) 라인의 승리였다.

"나는 민정에 참가하지 않겠다!"라고 눈물을 흘리며 정국 수습선서식에 참석한 정치가들에게 약속했다.

이에 대하여 1963년 3월 15일 국군 장병들이 군정 연장을 요구하며 데모를 감행했다. 박 의장은 또 한 번 동요했다. 군인들의 시위에서 힘을 얻었는지 다음날인 3월 16일, "군정을 4년간 연장하는 데 대한 찬반을 국민투표에 붙이겠다."라는 성명을 발표하고. 군사 활동 금지와 언론 제한 조치를 취했다.

군사정권 연장 반대 시위가 격화되었다. 5월, 박 의장은 다시 연내에 민정이양을 실시하겠다는 성명을 발표했다.

결국, 같은 해 10월에 열린 대통령 선거에서 박정희가 당선, 제5대 대통령에 취임했다. 여기까지 오기 위해 낭비된 많은 수단과 서약의 되풀이, 또 그의 약속 파기 행동들에 대하여 많은 국민들이 환멸감을 느끼게 되었다.

당시 걸핏하면 눈물을 흘리곤 했던 박정희를 "변덕쟁이 박 씨"라고도 부를 수 있겠으나, 단순히 그런 식으로 폄훼만 한다고 해서 될 일인가? 거기에는 여론의 행방을 지켜보는 심리극(심리전)의 한 측면이 있다고 생각된다. 뛰어난 정치가의 임기응변과 흥정이 일견해서 매우 소박한 형태를 빌려 비어져 나온 것은 아닌지, 박정희의 전략가로서의 기질이 발휘되었던 것은 아닌지 싶다.

혼란이냐 안정이냐의 양자택일을 박 정권 신임으로

그 두 번째로 볼 수 있는 것은 3선 개헌에서 나타난 박정희의 희미한 망설임과 갑자기 태도를 바꿔 강하게 나오는 정치적 자세이다.

군사 쿠데타 이후 스스로 제정한 헌법을 개정해 나간 절차는 매우 교묘하고 대담하며 강압적이기도 했다. 1969년 1월 3일 이효상 국회의장이 대구에서 3선 개헌은 불가능한 이야기만은 아니라고 개헌 캠페인의 도화선에 불을 붙였다. 1월 6일 길재호 민주공화당 사무총장이 여당 내에서 개헌을 검토하고 있다는 것을 시인하자, 다음날인 7일 윤치영 민주공화당 당 의장 서리가 이렇게 말했다. "우리나라의 현 상황에서 강력한 리더십이 있어야 조국 근대화의 민족적 과제를 완수할 수 있다. 강력한 리더십을 계속해서 유지해 가기 위해서는 대통령 중임 금지조항을 포함해 개헌을 검토할 수도 있다고 본다."

박정희 자신도 3선 개헌을 하면서까지 출마를 강행해야 할지 여부를 망설였던 것은 분명하다. 그러나 대통령 출마는 비교적 일찍 결심한 것은 아닌가 싶다.

3선 저지 활동이 가시화되자 곧바로 개헌 강행 돌파로 넘어선 것만 봐도 그의 속내는 진작부터 결정되어 있었던 것이라고 할 수밖에 없다.

1969년 7월 25일 박 대통령은 3선 개헌의 성패를 박 정권의 신임 문제로 간주했다. 불신임이라면 즉각 퇴진하겠다는 것이었다.

3선이라는 장기 집권 이미지를 멀리하고 혼란이냐 안정이냐의 양자택일을 박 정권 신임으로 교묘하게 얽어맨 것이다. 풀이 무성한 산림에서는 그것이 3선 개헌인지는 모른 채 신임투표라고만 생각했을 정도로 그 심리 전략은 잘 짜여 산뜻하기조차 했다.

1969년 9월 14일 새벽 경찰력이 둘러싼 국회 제3별관에서 본회의를 긴급 소집하여 개헌안과 여당에게 유리한 국민투표법을 단독으로 강행 가결한 억지 행사에도 거센 비난이 쏟아졌다. 결국 1969년 10월 국민투표 결과, 391만 표 차이로 3선 개헌은 확정됐고, 지난 4월 27일 대선에서도 비슷한 논리를 구사해 대통령 권좌를 확보했다.

때마침 탁구 외교 등에서 볼 수 있듯, 급템포의 미. 중 접근 분위기를 반영해 이번 대선 막바지에는 과거 한국에서 볼 수 없었을 정도의 야당 열풍이 불고 있었다. 김대중 신민당 후보가 제시하는 '향토예비군 폐지'나 "미·소·중·일 4대국 간 협의를 통한 한반도 중립화론"이 "비현실적이고 북한을 이롭게 하는 이적행위"라고 몰아붙이는 정부 여당의 반발에도 불구하고 상당한 설득력을 갖게 된 것은, 비정치분야에서의 편지 교환 등 남북교류 주장 등과 함께 '긴장 완화' 구상이 이제야 현실적인 정책단계에 이르렀다고 보는 유권자들의 판단이 있었기 때문일 것이다.

박정희 대통령은 분명히 막판까지 몰렸다. 하지만 최종 막바지에서 역전타를 날렸다. 투표 전날인 26일 오전, 전국에 중계된 라디오 방송을 통해서였다.

"현재 진행되고 있는 경제건설은 중단되어서는 안 된다, 조국 근대화사업을 수행하면서, 나는 애국의 일념으로 다시 십자가를 짊어질 결심이다. 국민 여러분은 이 현실을 충분히 직시해 주시기 바란다.

솔직히 말하면, 야당은 정권을 인수할 능력이나 수권 태세를 갖추지 못하고 있다. 이 단계에서 정권교체가 일어나면 일대 혼란이 불가피하고, '조국 근대화의 꿈은 근저(밑바닥)에서부터 무너져 파국에 직면할 것이다."

'중단 없는 전진'을 계속하려면, 말을 갈아타서는 안 된다며 3선 개헌 당시와 마찬가지로 혼란이냐 안전이냐의 선택을 강요한 것이다. 동시에 "이번이 마지막 출마"라며 3선 출마를 선언했다. 이 마지막 호소는 확실히 효과적이었다.

한국 국민들은 '혼란'이라고 하면 곧 군의 개입을 상기시키게 되는 반향에 매우 민감했다. "4선에 나가지 않는다면 마지막으로 총 마무리를 하게 해야 해!"라고 1972년부터의 3차 5개년 계획에 꿈의 실현을 걸고 '현상 유지' 쪽으로 기울어진 것으로 보인다.

한국사에 남을 정치가가 될 수 있을까?

이처럼 박정희 논리의 가장 큰 특징은 경부고속도로를 "우리 후손에게 남기는 민족번영의 길"로 캠페인 하듯이 개발정책과 내셔널리즘을 직결시키는 한편, 이 개발정책의 결과로 나타날 경제성장을 대북 안보상의 기반으로 삼아 '승공통일'을 강조하는 데 있다. 더구나 박정희 이외의 인물에게는 당분간 맡길 수 없는 중요한 단계에 와 있다는 사명감이 강렬하게 작용하고 있다. 따라서 권좌는 앞으로도 상당 기간 야당에 넘겨주지 않을 것이다. 그에게는 계파 갈등으로 혼란스러운 야당 체질에 대한 반감이 강했던 것도 사실이다. 정권을 지키기 위해서는 70년대 전반기는 북한의 위협이 점점 커질 것이라고 국민에게 호소하며 군부를 장악한 대통령 밑에서 '안정된 전진'을 이루어 나가야 한다고 주장하는 구조가 되기도 하는 것이다.

국민을 가르치고 이끌어 가겠다는 선생님 같은 자세도 매우 강하다. 전직 교사로서의 체취가 아직 가시지 않았다. '박 친정체제'라든가 '총통제도의 시작'이라든가 하는 말로 독재적인 처사를 강하게 비판받는 것도 그의 군사적 발상 외에도 이런 강한 자신감이 뒷받침된 개성 때문일 것이다. 여태까지의 엎치락뒤치락하는 정치 형태로 보아 '4선 불출마'가 완전한 신뢰를 받고 있다고는 할 수 없으며, 어떤 의미에서는 '의혹 속 3선의 권좌'다. 그럼에도 불구하고 박정희가 지지를 받은 것은 다분히 박정희 개인의 청렴결백 이미지가 아직도 이어지고 있다는 점 때문이기도 하다.

10년이라는 장기 집권의 권력자가 뜬소문 하나 없이 신변이 깨끗하다는 것은 아시아의 여러 권력자의 모습 가운데선 극히 이례적인 일이다.

그것이 부패를 응징하고 검약을 강조하는 지극히 정신적인 '제2 경제론'의 제창에서도 나타나고 있다.

쉽게 말해 아무리 발전해도 정신적인 마음가짐이 따라오지 않는 한 그 경제의 기반은 불완전한 것이란 말이다. 대다수 국민들은 이러한 박정희의 논리적 수준에까지는 도달하지 못한다, 어떤 시점에 박정희가 고고한 정치인이라고 일컬어지는 것은, 이러한 국민의 윤리의식과의 괴리가 있기 때문이라고 할 수 있을 것이다.

　박정희 3선 대통령의 과제는 1970년대의 국제적 긴장 완화 분위기에 비춰볼 때 한반도에서의 만성적인 긴장 상황에 어떻게 대처할 것인가. 4선 불출마 공약을 지켜 한국 최초의 평화적 정권교체 극을 실현하기 위해 어떻게 후계자나 야당을 육성해 나갈지 하는 것이다. 박정희가 한국 역사상에 남을 명 정치인으로 칭송받을 수 있느냐 마느냐의 마지막 한 가지 열쇠는 바로 이 문제에 달려있다고 할 수 있다.

오카이 테루오(岡井 輝雄)
아사이신문 서울지국장(1966~1969)
아사이 카메라 편집장 등을 역임

세계 각국 현인들이 본
박정희 대통령에 대한 평가

"박정희는 비록 독재적 성향을 가졌지만, 한국의 최장수 대통령으로 집권하면서 경제적 약체 국가를 산업 강국으로 변모시켰다." - 「TIME」 (1999.08.23.)이 선정한 '20세기 아시아에서 가장 영향력 있던 인물 20인'의 내용 중

"박정희 전 대통령에 관한 책을 있는 대로 다 달라. 국가가 대기업을 키우고 경제발전을 주도하던 한국경제발전 방식에 깊은 관심이 있다. 현재 가즈프롬 등 에너지 기업 국유화를 통한 발전 방식은 좋은 사례라고 볼 수 있다." - 푸틴 (러시아 대통령, 1952~)

"중국의 올해 최대 역점 사업인 농촌 발전을 달성하기 위한 방안으로 한국의 '새마을운동'방식을 채택하기로 결정했다. 현재 후진타오 국가 주석과 원자바오 총리 등이 잇따른 농촌 순시와 집단 교육을 통해 사회주의 신농촌과 조화 사회 건설의 중용성을 강조하는 등 농촌 살리기를 첫 번째 정책 목표로 삼고 있다. 중국공산당 중앙정책연구실 부주임을 단장으로 한 시찰단이 지난해 5월 한국에 파견돼 새마을운동 현장을 견학한 뒤 당 중앙에 2건의 보고서를 제출했다. 이 보고서에는 한국이 1970년대 새마을운동을 통해 시멘트와 철강을 농촌에 지원해 기반 시설을 건설하도록 한 것을 시작으로 30여 년간의 도시화와 공업화 과정에서 도시-농촌 경제협력 발전과 도시-농촌 소득의 동반 상승을 가져올 수 있었다고 설명되어 있다." - 후진타오(중국 6대 국가주석, 1942~)

"어떤 지도자들은 자신들의 관심과 정력을 언론과 여론조사로부터 호

의적인 평가를 받기 위해 소모합니다. 한편 다른 지도자들은 자신들의 정력을 오직 일하는 데만 집중시키고 평가는 역사의 심판에 맡깁니다. 대통령 각하, 만약 각하께서 눈앞의 현실에만 집착하는 분이셨다면 오늘 우리가 보는 이런 대한민국은 존재하지 않았을 것입니다."

— 리콴유(전 싱가포르 전 총리, 1923~2015)

"아시아 지도자들은 국가 근대화에 가장 많이 신경을 쓴다. 그 과정에서 부패나 권력 남용 등 잘못도 일어난다. 사람은 권력을 잡으면 이를 남용하려는 유혹이 커진다. 마오쩌둥이나 이승만, 박정희 같은 지도자들은 권위주의적이었다. 그러나 단언컨대 한국이 처음부터 민주화가 됐다면 '오늘의 한국'은 없었을 것이다. 박정희는 강력한 지도자였다. 대기업을 일으켜 국부를 증진시켰다."

— 마하티르 모하마드(말레이시아 전 총리, 1925~)

"박정희는 의심할 바 없이 한국 근대화의 길을 돌파해낸 핵심 지도자다. 그럼에도 박정희 시대는 한국 사회에 많은 상처를 남겼다. 공과에 대한 논쟁은 여전하다. 그런 탓에 박정희 시대를 균형 있게 이해하기란 어려운 일이다.

특히 중화학공업 정책 이후 그가 폭력을 사용하고 나라를 경찰국가로 만들었을 때 우리는 매우 화가 났고, 흥분했었다. 당시 한국은 철저히 통제된 사회였다. 하지만 동시에 박정희가 없었더라면 오늘날의 한국도 없었을 것으로 생각한다. 큰 발전을 이룩한 아시아의 많은 나라에서 그 변화를 가능하게 했던 독재적인 리더가 있었다.

1920년대 일본의 메이지 유신이 그랬고, 대만과 한국이 그랬다. 중국은 덩샤오핑 치하에서 발전을 이뤘다. 모두 독재적이었고 중앙집권적이었다. 먼저 민주화부터 하라는 미국인들의 충고는 성공하지 못했다. 민주적인 정부하에서는 급속한 발전을 이루기 어려울 때가 많다.

독재적인 리더십은 참혹하지만, 나라를 위해서는 결국 좋은 것으로 결과를 맺을 때가 있다. 박정희는 헌신적이었고, 개인적으로 착복하지 않았으며 열심히 일했다. 그는 국가에 일신을 바친 리더였다. 그때 기회를 놓쳤다면 한국 산업화는 정말 어려웠을 것이다."

― 에즈라 보겔(하버드대학교 명예교수, 1930~2020)

"자유를 좀 누르더라도 경제를 활성화시켜야 한다고 봤던 박 대통령에 대해 말을 하자면, 민주주의와 경제발전이 동시에 이뤄지기란 사실상 어려웠다. 러시아가 이 두 가지를 동시에 추구하다가 어떤 결과를 초래했는지 다 알고 있지 않은가. 당시 박 대통령의 판단이 옳았다는 것을 알 수 있다."

― 헨리 키신저(전 미국 국무부 장관, 1923~2023)

"박근혜 전 대통령의 선친인 고 박정희 전 대통령을 높이 평가해 왔다."

― 앨빈 토플러 (미래학자, 1928~2016)

- 해방 전의 청소년 시대 -

모친 (백남의)

부친 (박성빈)

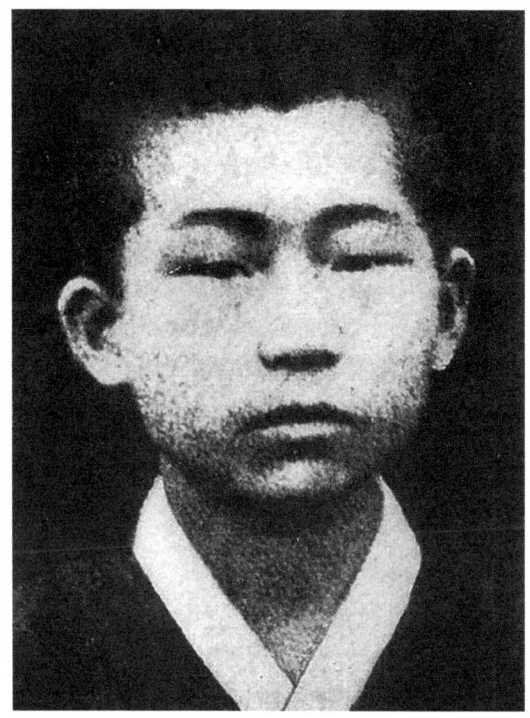

구미 보통학교 6학년 때 모습

박정희 대통령의 학창시절

대구사범 3학년 봄, 현재는 북한 땅인 금강산 여행(1934년 봄)

구미 보통학교(초등학교) 졸업식 기념사진. 앞에서 세 번째 줄 왼쪽 끝이 박정희

부친 (박성빈) 45세, 모친 (백남의) 44세의 7번째로 출생. 막내아들.
대구사범 입학 당시(1932년 봄)

교사 시절(1939년 봄)

동료 교사들과 함께(1940년)

경북 문경보통학교 교사 시절(1937년 4월)

일본 육군사관학교 재학 당시(1943년 경)

문경보통학교 부임 당시. 뒷줄 오른쪽 끝(1937년 봄)

박정희 대통령 연보

1917년 9월 30일생	
경상북도 구미시(선산군) 출신	
1937년	대구사범학교 수석 졸업
1937~40년	경북 문경 남초등학교 교사 역임
1940년	만주 군관학교 입학
1942년	만주 군관학교 2년 과정 초등반 때 우등생으로서 일본 육군사관학교 입학의 특전을 받음
1944년	일본 육군사관학교를 3등으로 졸업
1945년	제2차 세계대전 말기 일본 육군 중위로 제대
1946년	대한민국 육군사관학교 2기 졸업, 대위로 임관
1953년	육군 준장 임관, 미국 오클라호마주, 미 육군 포병학교에서 전문 과정 수강
1954년	육군 포병학교장 겸 육군 포병사령관에 임명
1955년	제5보병 사단장 역임
1957년	국방대학 입교, 제6 군단본부장과 군단장 대리를 겸임 제7 보병사단장에 임명
1958년	육군 소장으로 진급, 제1군 사령부 참모장으로 임명
1959년	제6군 관구사령관 임명
1960년	육군 군수기지 사령관 임명, 제1군 관구사령관 제2군 사령부 부사령관 역임 4·19 학생혁명
1961년	5·16 군사혁명 주도. 국가재건최고회의 의장. 육군 중장으로 승진, 육군 대장으로 승진
1962년 3월	윤보선 대통령 사임에 따라 대통령 대행

1963년 10월	제5대 대통령에 당선
1964년 6월	한일회담 반대 데모에 대해 비상계엄령 선포
1965년 1월	베트남 전쟁 시 파병 결정
5월	방미, 존슨 대통령과 회담
6월	한일 기본조약 조인
1966년 2월	말레이시아, 태국, 중화민국(대만) 순방
1967년 5월	제6대 대통령에 당선
1968년 9월	호주, 뉴질랜드 순방
1969년 8월	방미, 닉슨 대통령과 정상회담
9월	3선 개헌안 조성
1971년 4월	제7대 대통령에 당선
1972년 7월	남북 공동성명 발표
10월	10월 유신체제 선포, 전국 비상계엄령 선포
12월	통일주체국민회의에서 제8대 대통령 당선
1974년 8월	부인 육영수 여사가 문세광에게 피살
1975년 2월	유신체제에 대한 국민투표
1977년 12월	수출 100억 달러 달성
1978년 12월	제9대 대통령 취임
1979년 7월	카터 미국 대통령 방한
1979년 10월	부마사태 수습을 위한 위수령 선포
1979년 10월 26일	김재규 중앙정보부장에게 피격 사망

편집을 끝내면서

올 봄부터 이 화보의 한국어판 편집에 착수해왔다. 일상 업무 중 틈나는 대로 짬짬이 편집에 매달려 왔다. 책 편집 같은 작업에는 익숙하지 않았던 탓도 있었지만, 생각보다 힘이 드는 일이었다.

본 화보집에 싣고 싶었던 사진은 150여 매 정도지만, 실제로 모은 것은 그 서너 배 정도는 되었을 것이다. 사진의 선택과 편집에 의외로 시간이 걸렸다.

사진은 시계열(時系列)적으로 배치하지 않고, 사진의 특징을 강조하면서 박 대통령 업적을 알 수 있게 편집하였다.

박정희 대통령은 결국 자신의 뜻을 다 이루지 못하고 쓰러지고 말았지만, 18년이라는 긴 듯 하나 짧았던 기간 안에 실로 많은 일을 해냈다고 새삼 감탄하지 않을 수 없다,

"배가 불러야 예절도 안다"라는 격언이 있듯이 대통령은 무엇보다 먼저 국민이 먹어야 질서가 유지되며 힘을 낸다는 것을 잘 알고 있었으며, 그것이야말로 정치의 첫 번째라고 믿고 그것을 추진했다.

그리고 그 다음은 경제의 골격이 되는 인프라와 중공업에 착수했다. 국민들을 고무해가며 전국을 날아다니면서 외화 획득을 위해 조국을 떠나 유럽 등지에서 일하고 있는 노동자들을 위로하기 위해 독일까지 건너갔다.

또한 끝이 되었지만 우리 재일교포들에게도 많은 도움을 주셨다.

그럭저럭 출판에까지 이르게 되었으나, 여기까지 올 수 있게 된 데는 실로 많은 분의 협력이 있었기 때문이다.

끝으로 출판사정이 열악한 가운데도 이 책을 발간해 주신 일본의 전망사(展望社)의 카라사와(唐澤明義) 사장을 비롯한 편집 관계자들에게 큰 신세를 지었다. 그리고 귀한 추천서를 써 주신 민족중흥회 정재호 회장님과 한국어판을 만들어 준 글마당 앤 아이디얼북스 최수경 대표와 편집팀 여러분에게도 새삼 감사드리는 바이다.

고맙습니다!

2025년 11월 아침 김경소(金慶昭)

'내 일생 조국과 민족을 위하여'

사진과 문장이 말하는 박정희 대통령 18년의 발자취

엮은이 | 김경소
만든이 | 최수경
만든날 | 2025년 12월 5일
펴낸날 | 2025년 12월 15일
만든곳 | 글마당 앤 아이디얼북스
　　　　　(출판등록 제2008-000048호)
　　　　　서울 종로구 삼봉로 95 대성스카이 102동 603호
　　　　　부산시무소/ 부산시 해운대구 해운대로 790
　　　　　대림아크로텔 513호
전　화 | 02)786-4284
팩　스 | 02)6280-9003
이　멜 | madang52@naver.com

ISBN 979-11-93096-15-4 (03300)

책값 20,000원

** 이 책은 일본 전망사로부터 한국어판 판권을 승인받아 출판하였습니다.
** 허락없이 부분 게재나 무단 인용은 저작권법의 저촉을 받을 수 있습니다.
** 잘못된 책은 바꾸어 드립니다.